# あなたの
# クリスタルコード

テレサ・ムーリー 著

佐藤 志緒 訳

# your CRYSTAL CODE

Find out how to choose, interpret and use your personal crystals

## ACKNOWLEDGEMENTS

Executive Editor Sandra Rigby
Editors Alice Bowden, Lisa John
Executive Art Editor Sally Bond
Designer Annika Skoog for Cobalt Id
Photographer Russell Sadur
Production Controller Simone Nauerth

Picture Acknowledgements
Special Photography © Octopus Publishing Group Limited/Russell Sadur.

Other photography:
DigitalVision 70. ImageSource 41. Octopus Publishing Group Limited/Fraser Cunningham 13, 28, 139; /Mike Hemsley 17 top left, 18-29 header top, 25 left, 45 top right, 45 bottom right, 49 right, 51 left, 73 top right, 81 right, 86 bottom left, 87 top left, 93 right, 94 right; /Andy Komorowski 4 top centre, 6 bottom right, 7 top right, 7 bottom right, 15 bottom centre left, 15 bottom centre right, 16 bottom right, 21 left, 31 top centre, 31 bottom left, 32 top, 34 right, 35 right, 44 bottom centre, 46-57 header, 51 right, 57, 58 top centre, 58 bottom centre, 65 right, 67 left, 72 top centre, 72 bottom centre, 73 top left, 73 top centre, 73 bottom left, 73 bottom centre, 74, 74-86 header, 76 right, 77 right, 78 left, 78 right, 79 right, 80 right, 86 bottom centre, 94 left, 100 top left, 109 left, 115 top left, 116-127 header bottom, 118 left, 129 bottom left; /Mike Prior 1 right, 1 centre left,
7 bottom centre, 8, 10, 12 bottom, 15 top left, 17 bottom right, 17 bottom centre, 18-29 header bottom, 22 right, 29, 31 bottom right, 35 left, 42, 46, 56, 71, 83, 84, 86 top centre, 91 left, 111, 125, 129 top left; /Guy Ryecart 3 top, 3 centre, 3 bottom, 4 top, 4 bottom, 6 top right, 6 bottom centre, 7 top centre, 8 header, 12 top right, 15 bottom right, 16 top right, 17 top centre, 18-29 header, 23 right, 24 right, 30 top centre, 30 top right, 30 bottom right, 30 bottom centre, 31 top left, 31 top right, 32-43 header, 36 left, 36 right, 37 left, 37 right, 38 right, 44 bottom left, 45 top centre, 45 bottom left, 46-57 header top, 48 left, 49 left, 50 left, 58 top right, 59 top left, 59 bottom right, 63 right, 64 right, 65 left, 72 top left,
72 top right, 72 bottom right, 79 left, 80 left, 81 left, 86 top left, 86 bottom right, 87 top centre, 87 top right, 87 bottom right, 87 bottom left, 88 top, 90 left, 92 left, 93 left, 95 left, 95 right, 96 top, 100 top right, 100 bottom centre, 101 top centre, 104 left, 107 right, 108 left, 114 top left, 114 bottom left, 114 bottom centre, 115 bottom centre, 116 header, 119 left,
120 left, 121 right, 123 left, 128 top left, 128 bottom right, 129 top centre, 130-141 header, 141.

First published in Great Britain in 2006
by Godsfield, a division of
Octopus Publishing Group Ltd
2–4 Heron Quays, London E14 4JP

Copyright © Octopus Publishing Group Ltd 2006
Text copyright © Teresa Moorey 2006

All rights reserved. No part of this work may be reproduced or utilized in any form or by any means,
electronic or mechanical, including photocopying,
recording or by any information storage and retrieval system, without the prior written permission of the publisher.

The right of Teresa Moorey to be identified as the author of this work has been asserted by her in accordance with the Copyright, Design and Patents Act, 1988.

ご注意
本書は個人的な医療アドバイスに代わるものではありません。
健康に関して、特に診断や医療行為が必要な症状については医療関係者にご相談ください。

# 目次

はじめに …… 6

## あなたのパーソナルコード …… 16
パーソナリティー・クリスタルの選び方／意味／友だちを引き寄せる／
クリスタルを身につける／自己啓発のための視覚化

## あなたの金運コード …… 30
マネー・クリスタルの選び方／豊かさを引き寄せる／
健全な態度を高める瞑想／賢い消費／お金管理のためのエクササイズ

## あなたのリラックスコード …… 44
リラクゼーション・テクニックの実践／リラクゼーション・クリスタルの選び方／
心を解放する／凝りのスッポットを解消／クリスタルの中に入り込む

## あなたのヒーリングコード …… 58
ヒーリング・クリスタルの選び方／魂を癒す瞑想／他人を癒す儀式／
受胎能力を高める儀式／身体を癒す視覚化

## あなたの愛情コード …… 72
ラブ・クリスタルの選び方／自分自身を愛するためのエクササイズ／
愛を引き寄せる／心を開くための視覚化／パートナーとの絆を強める

## あなたの成功コード …… 86
サクセス・クリスタルの選び方／幸福を引き寄せるための儀式／
自信を高めるための儀式／天職を探すための瞑想

## あなたをガードするコード …… 100
プロテクション・クリスタルの選び方／あなたの子供を守る／
スピリットの守りを高める／自分の守りを固めるための儀式

## あなたの瞑想スタイル …… 114
チャクラについて／メディテーション・クリスタルの選び方／
水晶占いの視覚化／クリスタルの天使とやりとりする

## あなたの人生にコードを活かそう …… 128
マンダラを使った占い／人生の節目を迎えたときのクリスタル活用法／
閉経を迎えたときの儀式／親になったときの儀式／夢を刺激する

インデックス …… 142

# はじめに

さあ、クリスタルの世界に足を踏み入れ、
あなたの人生に真の奇跡を起こしましょう。
クリスタルには何百万年もの歴史が刻み込まれ、
その間の智慧がすべて蓄積されているのです。

原子レベルで見れば、クリスタルは皆、左右対称構造を持ち、幾何学的な形状をしています。そしてどんな種類のものも、かすかなエネルギーを吸収・放射しているのです。でも分子レベルで見れば、クリスタルはタイプ別に独自の振動、言い換えれば「サイン」を持っています。そう、静的で穏やかなように見えても、クリスタルには非常に強力なエネルギーが秘められているのです。そしてこの「エネルギー」こそ、そのクリスタルの特性と能力を決定づけるものなのです。

　多くの人が「クリスタルはスピリチュアル・パワーの中心であり、それを高めるチャネルである」と信じています。はるか昔から、クリスタルは神聖さとパワーの象徴として、あるいは、癒しや健康を増進するものとして身につけられてきました。また魔術を行う際や、霊性を高める目的でも用いられてきました。なかには、クリスタルのことを「地母神の恵みのたまもの」であると考える自然崇拝者もいれば、「自分の精神的エネルギーに集中するための便利なツール」ととらえている人もいます。さて、あなた自身はクリスタルをどのように考えているでしょう？　その解釈がどのようなものであれ、この本を読めば、あなたは自分自身のための特別なクリスタルを見つけ、様々な方法で人生を高めていくことができるのです。

# クリスタルの入手法、選び方

　クリスタルは比較的簡単に入手することができます。ニューエイジ関連のお店や雑貨店に行けば、タンブルクリスタル（機械的に研磨された、滑らかで光沢のある石）が手頃な値段で手に入ります。またクリスタル愛好者向けの専門店に行けば、装飾用や瞑想・ヒーリング用の、ありとあらゆる形・サイズの美しいクリスタルを手に入れることができるのです。

　クリスタル初心者の人は、クリスタル選びにたっぷりと時間をかけるようにしましょう。お店に行って何種類かのクリスタルを手に取り、並べ方を変えたりしながら手のひらで遊ばせてみてください。そうするうちに、それぞれのクリスタルの持つ印象や効能がなんとなくわかってくるはずです。なお購入する際には、そのクリスタルが本当に自然のものかどうかを必ずお店の人に確認するようにしましょう。

　この本では、人生において重要な八つの分野（たとえば愛、お金、癒しなど）別に、あなたの助けとなるクリスタルを選ぶためのメソッドを紹介しています。それらのメソッドはすべて、あなたの直感にはたらきかけるタイプのものです。ただし、クリスタルを選びにお店に行ったときには、これらのメソッドを実践することはできません。だからこそ、クリスタルの「声」を聞き取る技術を学ぶ必要があるのです。実際、多くの人が「クリスタルの方が私を選んだのだ」という言い方をよくします。私も、お店にあったハート形のグリーントルマリンに強く呼び寄せられ、購入した晩のことをいまだに覚えています。その日以来、そのトルマリンは私の創造性を刺激し続けてくれています。だから執筆作業をするときは、必ずそばに置くようにしているのです。

　クリスタルを選ぶときは、自分の身体の声によく耳を傾けるようにしましょう。自分にぴったり合うクリスタルを手にすると、みぞおちや心臓、あるいは頭のあたりがうずいたり、チクチクしたりするはずです。ときにはそのクリスタルの「味」を感じたり、音楽が聞こえてきたりすることもあります。またどうしてもそのクリスタルから目が離せない状態に陥ることもあるのです。もし確信が持てないようなら、まずはリラックスし、そのクリスタルを手のひらに取ってみてください。そのとき自分の心に何が思い浮かぶか、言い換えれば、そのクリスタルが自分に与える印象に注目するのです。場合によっては、自分がどのクリスタルを求めているか、本能的にわかることもあるでしょう。とにかく、クリスタルを選ぶ技術を身につけるには、実践を重ねることが大切です。でも一つだけ覚えておいてください。どんなクリスタルを選んでも「間違い」ということはありません。基本的に、どのクリスタルも「正しい」ものであり、その中でも特に「正しい」クリスタルというのがあるのです。

クリスタルを両手で抱くと、大地の魔法と豊かさが伝わってきます。

# クリスタルの保管法

　クリスタルを保管する場合に一番おすすめなのは、黒いベルベットの布で包み、日光を避けるやり方です。特に、特別なエクササイズや儀式用のクリスタルはこのやり方で保管するようにしましょう。というのも、クリスタルのポイント（尖った部分）は非常に傷つきやすいものだからです。なお、タンブルクリスタルは一つの袋に一緒に入れて保管することが可能です。「部屋に飾っておきたい」「ふだん使いしたい」と思うクリスタルは、外に出しておいても構いません。ただし、そういったクリスタルは部屋で起きた出来事の影響を受けたり、電磁波やジオパシック・ストレス（地球の自然の電磁場環境が崩されることで生じる現象）によって汚染されてしまうため、頻繁に浄化する必要があります。また、すぐに色褪せてしまう種類のものもあるので、くれぐれもクリスタルを太陽光にさらさないよう気をつけてください。「クリスタルを日光にあてる」というエクササイズもありますが、それはあくまでエクササイズの一環なのです。

大切に保管するほど、クリスタルはあなたの役に立つようになります。大事にすればするほど、クリスタルとあなたの絆が深まっていくのです。

# クリスタルの浄化

　形状や使用目的の如何に関わらず、クリスタルを身につけたり用いたりする前には、必ず浄化を行わなければなりません。クリスタルには様々な影響をキャッチし、吸収してしまう性質があるからです。なかには「たとえばシトリンのように、浄化の必要がないクリスタルもある」と信じている人もいます。でも、どのようなクリスタルでも浄化するに越したことはありません。クリスタルの表面から誰かの指紋を拭き取るだけでも、十分意味があると言えるでしょう。特に、他の誰かが癒しの目的で使用したり身につけていたクリスタルは要注意です。自分で用いる前に、ていねいに浄化するようにしてください。

　クリスタルは非常に繊細なため、浄化をする際には細心の注意を払わなければなりません。天然のクリスタルに比べると、タンブルクリスタルは表面が研磨されているため、より耐久性があります。ただし、それらを浄化するときも思いやりを忘れないようにしましょう。基本的に、クリスタルの浄化に必要なのは「このクリスタルをきれいに浄化したい」というあなたの意思なのです。視覚化が得意な人は、白い布の上に自分のクリスタルを置き、そのクリスタルに清らかな水が降り注いでいる様子をイメージするとよいでしょう。「もう十分浄化できた」と感じられるまで、この視覚化を続けるようにしてください。なかなかそう感じられないときは、少し時間をかけて視覚化するとよいでしょう。

　「もう少しわかりやすい形で浄化したい」という人は、すべての汚れが浄化されることを念じながら、クリスタルを流水にさらしてみてください。あるいは、一晩中クリスタルを天然水に浸しておくのもよいでしょう。塩水は、クリスタルを傷つけてしまう危険性があるので使わないようにしてください。またセレナイトのように水に溶けてしまうクリスタルには、この方法を絶対に用いないようにしましょう。クリスタルを乾かすときは、柔らかな布の上で自然乾燥を心がけてください。決してこすってはいけません。なお、このような浄化は、クリスタルを使用するたびに行うようにしてください。きちんと浄化をしたあと、次に使うときまで安全な場所にしまっておくようにしましょう。

　お香の煙にクリスタルをくぐらせる、という浄化法もあります。この場合、ラベンダーのお香を使うとより高い効果が期待できます。またろうそくの光（または炎の近く）を通過させる、という浄化法もおすすめです。さらに、未精製の玄米を入れた陶器のボウルの中にクリスタルを一晩中置いておく、という浄化法もあります。この場合、浄化が終わったら玄米はすぐに捨てなければいけません。絶対に食べないようにしましょう。

クリスタルの浄化は、いわば「愛の行為」です。
ゆっくりと時間をかけて楽しむようにしましょう。

### 浄化のミニ知識

- 複数のタンブルクリスタルをカーネリアンと一緒に一つの袋に入れておくと、カーネリアンがそれらの石を浄化してくれます。
- 小さなクリスタルは、大きめのクリアクォーツやアメジストの隣に一晩置いておくと浄化されます。
- 玄米のかわりに、陶器のボウルに花びらを敷きつめるやり方でもクリスタルの浄化は可能です。

クリスタルは所有者の影響をぐんぐん吸収していきます。

# クリスタルの専用化

　クリスタルを選んで浄化したら、それらを専用化する必要があります。それらのクリスタルが本当に「あなたのもの」になるよう、あなた自身のエネルギーを集中させるのです。やり方は簡単です。まず両方の手のひらでクリスタルを包み込み、あなたのエネルギーを送り込みましょう。そしてあなたの授けた生命力によって、そのクリスタルがいきいきと鼓動しはじめるイメージを思い描いてみてください。

　ごく簡単な儀式を通じて、あなたのクリスタルに神聖なパワーを送り込むこともできます。この儀式に必要なのは、一本のろうそく、一個の石、ラベンダーのお香スティック、水を入れた一脚のワイングラス（または細長い脚がついたグラス）です。さらに、あなたが日頃から大切にしている女神や神の像があれば、それも近くに置いておくとよいでしょう。専用化したいクリスタルも忘れずに用意しておいてください。

　儀式を行う場所は清潔でなければなりません。浄化のシンボルであるほうきかぞうきんを使って浄めるとよいでしょう。掃除が終わったらその場所に座り、自分が円（サークル）で守られているところをイメージします。そして自分の北の方角に石を、東にお香スティックを、南にろうそくを、西に水が入ったグラスを置きます（南半球に住んでいる人は、ろうそくと石の位置を反対にしてください）。これらは四つのエレメント（地、風、火、水）の象徴にほかなりません。像を用意した人は、一番好きなエレメントのそばにその像を置くようにしましょう。

　手のひらにクリスタルと石をのせてこう言います。「私はグラウンディング（自分と地球の間に健全なつながりをもたせること）と保護のために、このクリスタルに地のパワーを捧げます」次に、お香スティックの方を向き、こう言います。「私は明瞭さと真実のために、このクリスタルに風のパワーを捧げます」今度は、ろうそくの方を向き、こう言います。「私は勇気とエネルギーのために、このクリスタルに火のパワーを捧げます」最後に、グラスの方を向き、こう言います。「私は癒しと清らかさのために、このクリスタルに水のパワーを捧げます」（南半球に住んでいる人は、時計と反対方向に回るようにしましょう）

　さあ、これであなたはクリスタルを専用化することができました。心の中で先の円（サークル）を取り外したうえで、あなたのクリスタルを大切に保管してください。

## クリスタルの形状

　クリスタルには本当に様々な形がありますが、この本ではタンブルクリスタルのみを紹介しています。というのも、これらは価格も手頃で入手しやすいため、よりバランスのよい「マンダラ」（130〜131ページ参照)を作ることができるからです。もしタンブル加工されていないクリスタルを買うときは、極力小さめのものを選ぶようにしましょう。ただし、特別な用途のためなら、特殊な形状のクリスタルを入手しても構いません。たとえば、ワンド型のクォーツは計り知れない癒し効果をもたらします。また伝統的なボール型のクリスタルは占いに最適なのです。

## クリスタルの色

　クリスタルにはあらゆる種類の色が見られます。その色がクリスタルの特徴を表しているのです。たとえば、赤いクリスタルはエネルギー、活力、情熱の象徴です。また紫のクリスタルは霊性や高揚感を高める一方、緑のクリスタルは現世や地上に関する事柄（創造性、お金、植物など）により強い影響をもたらします。この本では章ごとに、異なるニュアンスを持つ様々な色合いのクリスタルが登場します。たとえば、アメジストとクリアクォーツはより高次の意識状態を高めてくれますが、自然神秘主義の人にはこの二つよりもグリーンアゲートが、また密教思想の人にはロードクロサイトがおすすめです。このように、どのクリスタルを選ぶかはまさにあなた次第なのです。

クリスタルを通じて得た体験や智慧をノートにつけるようにしましょう。

# 専用ノートに記録する

　クリスタルを選び、手入れをし、活用するにつれ、あなたのクリスタルに関する知識と経験はどんどん増えていきます。それらを一冊のノートにまとめておくとよいでしょう。様々なクリスタルに対する印象や考えを記録しておけば、あなたの「クリスタル・コード」（14ページ参照）を知る際に非常に役立ちます。そうやって知識を書きとめておくほど、それが価値ある財産となっていくのです。ときにはクリスタルを通じて、何らかの印象を得ることもあるでしょう。あるいはこの本や他のクリスタルの本には書かれていない、あなた独自の感覚を覚えることもあるはずです。またクリスタルに関して、特に興味深い情報を見聞きすることもあるでしょう。それらをすべて専用ノートに書きとめておくのです。さらに、クリスタルから大きな効果を得られた場合も記録しておいてください。特に、クリスタルを使った瞑想中にあなたが見た夢や体験を書き記しておくことは有益です。ここで一番大切なのは、あなたが八つのクリスタルをどう選んだか、その後それらがどう変化したか、そしてそれらに関してあなたがどんな気持ちを抱いているかを詳しく記録することにほかなりません。以上のポイントを参考にしながら、あなただけの価値ある記録をつけるようにしましょう。

# クリスタル・コード

　八つのクリスタルを選び、それらを活用してエクササイズを行うようになった時点で、あなたの「クリスタル・コード」が決まります。これは、あなたの人生にバランスや調和を促す、一種の法則のようなものです。八つの石はそれぞれ、人生の重要な分野に関するあなたの目的を具現化し、その目的を達成するためのエネルギーを送り込んでくれます。その効果が生じるにつれ、あなたはもっとよく自分自身を知り、新たな気づきを得るようになるのです。

　クリスタル・コードは公式や化学式のように絶対的なものではなく、むしろ動的で、常に変化し続けるものです。時が経つにつれ、「このクリスタルを別なものに変えたい」と思い始めるのはごく自然なことなのです。そう感じたら、その石を別の石に変えるようにしましょう（ただし唐突に、あるいはひっきりなしに変えようとする態度は慎むべきです。クリスタル・コードの最大限の効果が得られなくなってしまいます）。クリスタル・コードは人生のあらゆる状況に適用可能で、あなたの道を切り開き、充実感をもたらしてくれるものなのです。

# 重要な注意点

　この本には、クリスタルに関する様々な知識や情報が載っています。でも、くれぐれもそれらにとらわれすぎないようにしてください。一番大切なのは、自分の直感を信じることにほかなりません。あるクリスタルに特別な効果を強く感じたら、それは少なくともあなたにとっては「正しい効果」なのです。そういった直感の声を第一に考えるようにしましょう。自分の直感と本に書かれている知識が違うからといって、直感の声を無視するようなことがあってはいけません。

　各章では、目的別に簡単に選び出せるよう、12個の石を紹介しています。それらは効果こそ違いますが、各々の目的に特化したクリスタルばかりです。もしもその中に「これだ」と思うものが見つからず、その他のクリスタルを探したい場合は、あなた自身の心の声に従うようにしてください。

　もう一つ、「クリスタルは非常に強い力を持っている」という事実を心に留めておいてください。害悪を及ぼすクリスタルはありませんが、なかには扱いが難しいものもあります。心身が弱っている状態の人にダメージを与えかねないケースもあるのです。例として、私の知り合いの若いカップルの話をしましょう。彼は脳腫瘍患者でしたが、幸い手術が成功し、彼女と暮らすアパートに戻ってくることができました。ところがその夜から、彼女は一睡もできなくなってしまったのです。もともと霊感の強い彼女は、私にこう言いました。「私はクリスタルが好きで、うちにも何個か飾っています。でも夜になって彼が眠りについた途端、それらのクリスタルから生じた『存在』が、彼の頭蓋骨をこじ開けようとしているのがわかるのです。私は無意識のうちに『それを阻止しなければ』と強く思って目ざめ、そのまま朝を迎えてしまうのです」彼女の怖れが正しいものかどうか、私に判断することはできません。でも、私もまた「すべてのクリスタルが四六時中温和であるとは限らない」という印象を抱いています。たとえば、マラカイトやブラックオブシディアンには非常に強力なパワーが秘めています。不安定な心理状態（気分の落ち込みや怖れなど）の人にとっては「危険な石」にもなりかねません。だからこそ、クリスタルは敬意を込めて扱わなければならないのです。なにしろ、クリスタルは私たちよりずっと前からこの惑星に存在しているのですから……。

# あなたの
# パーソナルコード

八つのクリスタルの中でも最も重要なのが、
このパーソナリティー・クリスタルです。
これは本当の「あなた」を表すだけでなく、
人としてのあなたの能力をも象徴するクリスタルなのです。

自分が選んだクリスタルの解説を読んで、思わぬ個性を発見し、大きな驚きを感じる人もいるかもしれません。あるいは思ったとおりの結果となり、満足する人もいるでしょう。いずれにせよ、パーソナリティー・クリスタルがあなたに力を授けてくれることに変わりはありません。これは、あなたが運命で定められたとおりの人物になれるよう、後押ししてくれるクリスタルなのです。

　もし可能なら、ここで紹介するタンブルクリスタルをすべて手に入れるようにしてください。どれも手頃な値段なうえ、手に入れる価値のあるものばかりです。そうすれば、一つに絞り込む手間も省けます。しかも時が経ち、パーソナリティー・クリスタルを変えたくなったときにも慌てる必要がありません。時の流れと共に、私たちの人生は明らかに変化していきます。でもときには、そういった変化が非常に深淵なレベルで生じる場合もあるのです。そしてそういうとき、私たちはまるで「別人格の自分」、もっと言えば「自分の中にいるまったくの別人」を発見したかのように感じるものなのです。このような変化が起こるのは、私たちが人として進化し続けているからにほかなりません。

　パーソナリティー・クリスタルは、まさにそのような変化を促してくれる石です。そのクリスタルが象徴する個性を完全に表現できるようになれば、あなたは別のクリスタルを必要とするようになるでしょう。それが適切なタイミングだと感じたら、迷わずパーソナリティー・クリスタルを変えるようにしてください。もしも「もとのクリスタルに戻りたい」と感じたら、その直感の声に従って構いません。それは決して「後退」ではなく、むしろ「新たな経験レベルの始まり」なのです。

# パーソナリティー・クリスタルの選び方

パーソナリティー・クリスタルは、あなたにとって特別な
クリスタルです。「選ばなくては」と身構える必要はありません。
それは、あなたが「理由もなく引かれる」と感じるクリスタルか、
ずっと前から好きだったクリスタルのはずです。
「でも迷ってしまう」「自信が持てない」という人は、
ここにあげるメソッドの中からどれか一つを実践してみると
よいでしょう。

### 必要なもの
- 12種類のタンブルクリスタル（ガーネット、グリーントルマリン、シトリン、ムーンストーン、サンストーン、モスアゲート、ブルークォーツ、ブラッドストーン、アメトリン、オニキス、アクアマリン、ラブラドライト）、またはこれらの名前を書き込んだ12枚の紙 ●金色のろうそく ●フランキンセンス（乳香）かシナモンのエッセンシャルオイル、またはお香 ●金色の布 ●布袋

### 視覚化メソッド（1）

　目の前にクリスタルを全種類並べ、そのうしろに金色のろうそくを置きます。フランキンセンスかシナモンのエッセンシャルオイルを焚き（またはお香を焚き）、金色のろうそくに火をつけます。

　クリスタルの正面に座り、「自分」についてよく考えてみてください。あなたは自分のどんな点が好きですか？　あなたが得意なのはどんなことですか？　あなたは自分自身のことをどう表現しますか？　友だちはあなたのことをどう表現するでしょうか？　彼らは、あなたのどんな性質を感じ取っていると思いますか？　そしてあなた自身はどのような性質を持ちたいと考えているでしょうか？――このような事柄について、思いつくまま考えてみてください。そのあと目を閉じて、しばらくそのままの姿勢を保ちます。

　目を開けたら、どのクリスタルが自分を引き寄せているかに注目してみましょう。『私を手にとって』と訴えかけているクリスタルこそ、あなたのパーソナリティー・クリスタルにほかなりません。もし一つに決められないなら、迷いを感じる石だけ残してこのエクササイズを数回繰り返し、最終的に一つに絞り込むようにしてください。

### 布袋メソッド

　布袋の中に、全種類のクリスタル（または名前を書いた紙）を入れます。静かに腰を下ろし、目を軽く閉じてリラックスしましょう。意識を自分の身体に集中させ、温かな感じが広がっていくところをイメージしてください。おへその下から金色の輝きが現われ、その輝きのエネルギーで次第に全身が活性化されていく様子を思い浮かべるのです。さあ、準備が整ったら、布袋の中からあなたのクリスタルを選んでください。選び終えたら、金色の輝きがおへその下まで後退し、静かに消えていくところをイメージしましょう。

## クリスタルサークル・メソッド

　金色の布の上に、弧を描くようにクリスタルを並べます。その弧の中心に、金色のろうそくを置いてください。さらにそのろうそくのまわりに、あなたにとって大切なものや個人的なものを置きましょう。このとき、他の人やものを連想させるものを置いてはいけません。純粋にあなた自身を表すようなものを置くように心がけてください。たとえば「結婚指輪」や「婚約指輪」はあなたの人間関係を、また「財布」はお金を連想させてしまいます。「子供のときから可愛がっている小さなテディベア」や「日記」「大切にしている雑誌や新聞の切り抜き」など、真のあなた自身を表現するものを選ぶようにしましょう。

　ろうそくに火をつけ、オイルを炊いて（お香を焚いて）ください。リラックスして心を静め、冷静な気分になったら、目の前のクリスタルに意識を集中させます。その中で、あなたの「特別な持ち物」に加えてもらいたがっているのはどのクリスタルでしょうか？　そのクリスタルはひときわ輝いて見えるか、あるいはあなたの心を引きつけて離さないはずです。

## 視覚化メソッド（2）

　視覚化メソッド（1）と同じやり方でクリスタルを並べ、オイルを炊いて（お香を焚いて）、ろうそくに火をつけてください。心を静めて、穏やかな気分になりましょう。そして、あなたが本当に幸せで満ち足りた気分になったときのこと、何かを成し遂げて存在を認められたときのことを思い出してください。そのときのことを一番よく表現しているのは、どのクリスタルだと思いますか？　このエクササイズを実践するにつれ、そのクリスタルの輝きが増していくように感じられるはずです。

　もし一つに決められないなら、迷いを感じる石だけ残してこのエクササイズを何回か繰り返し、最終的に一つに絞り込むようにしてください。そのクリスタルこそ、あなたのパーソナリティー・クリスタルにほかなりません。

# パーソナリティー・クリスタルの意味

## シトリン

　この石を選んだあなたは行動的でいきいきとし、常に笑みを絶やさないタイプです。「自分の理性の力に刺激され、自分なりの結論に到達することが一番大切だ」と考え、どんなときも積極性を忘れず、知識欲も旺盛で、単なる事実以上のものを追求しようとします。

　またこのタイプは人とコミュニケーションをとるのが好きです。気の利いた受け答えができるため、深いつき合いから軽いうわさ話まで、どんな種類のつき合いも上手にこなすことができます。

このタイプに向いているのは
マスコミ・出版関係の仕事です。
持ち前の創造性を武器に、
どんどん出世していくでしょう。

## ブラッドストーン

　あなたは情熱的で激しく、愛も憎しみも自分のバネに変えてしまうタイプです。許したり水に流したりすることが苦手で、害を加えられた相手に対して仕返しを考えずにはいられません。その一方で、本当の友だちのためなら、どんな苦労も災いも怖れない頼もしさも持ち合わせています。また不屈の勇気と卓越した決断力の持ち主で、主に弱者に対して援助や思いやりを惜しみなく与える傾向が見られます。

　「人の最大の武器は知識だ」と考え、物事の真相を突き止めることを好みます。恋愛では、一度思いを寄せた相手を一途に愛し続けて深く思いやる反面、その嫉妬心も強烈です。このタイプにとって一番大切なのは、一人の時間をとって自分自身を立て直し、「再生感」を感じることにほかなりません。

このタイプに向いているのは、持ち前の
演繹的能力を活かせる裏方の仕事です。
その一方で、演劇・芸術の仕事にも
向いています。

## オニキス

　あなたは一般常識や安全を第一に考える、現実的で節度あるタイプです。「備えあれば憂いなし」をモットーにし、絶えずしっかりと前進していく堅実な人生を好みます。このタイプにとって大切なのは、できる限り多くの物事を、可能な限りコントロールすることにほかなりません。場合によっては厭世的・悲観的になったり、一歩先んじようとするあまり周囲に壁を作ってしまうこともあります。

　恋愛面では、気持ちとは裏腹の行動をとる傾向が見られます。自分の気持ちになかなか自信が持てず、異性に対して自らの感情をあまりあらわにすることがありません。でもひとたび「この人」と決めた相手に対しては、あらゆる面でのサポートを行います。また家族にも献身的に尽くそうとします。

このタイプに向いているのは、
その計画立案能力を活かせる仕事です。
長期的な目標を達成できる忍耐力こそ、
このタイプの持ち味と言えるでしょう。

## ガーネット

　あなたはエネルギッシュで、一緒にいると楽しいタイプです。その反面、忍耐力に欠けるため、すぐに飽きたり無鉄砲なことをしでかしたりする場合もあります。また自分の思い通りにいかないと、不機嫌になったり怒り出したりする傾向も見られます。とはいえ、このタイプは、高い発想力と強力なイニシアチブの持ち主です。「じっと収穫を待って刈り取る」よりも「自ら種を蒔く」ことを何より好むため、人生に対しては常に前向きで、強い勇気とリーダーシップを発揮することができるのです。

　やや横柄で攻撃的な一面はあるにせよ、このタイプは寛大で責任感が強く、人をまとめるのが上手なボスになるでしょう。バランスがとれた卓越した状態さえ保てれば、他人に何と言われようと（「あいつは横柄だ」「尊大だ」など）気にかける必要はありません。

このタイプに向いているのは、
その経営の才と意欲をフルに活かし、
イニシアチブをとることができる仕事です。

## グリーントルマリン

　あなたは忍耐力、持続力のあるタイプです。安定・安全を好み、自分がそういう環境にいられるように最善を尽くそうとします。このタイプにとって最も大切なのは、お金や衣食住など実生活に関わる要素にほかなりません。非常に現実的で実際的な人生観の持ち主です。「平和」や「愛」などの大切さには気づいていますが、その場の雰囲気に流されることなく、あくまで自分の感覚を頼りにすることを好みます。

　優しく愛情深くて信頼できる反面、ときに非常にがんこになったり、新しいものに抵抗してしまう一面も見られます。独占欲が強く、自分の所有物に強いこだわりを持つタイプですが、大切な人々には援助を惜しみません。植物との関係を育む「ガーデニング」や、自然の恵みをあらゆる形で享受できる「料理」を好み、すぐれた才能を発揮するでしょう。

このタイプは創造性の追求を重視します。
その芸術的才能を活かして、
なおかつよいお給料がもらえて、
安全で快適さを約束してくれる職場なら、
どんな仕事でもベストを尽くすことが
できるでしょう。

## ラブラドライト

　あなたは創造力豊かで神秘的で、現実世界よりも魂の世界に近い存在のように思えるタイプです。非常に高い共感力の持ち主で、他人の苦しみや不幸をまるで自分のことのように感じとってしまいます。そのため、なかなか他人に「ノー」と言うことができません。このタイプに必要なのは、数多くの要求から自分自身を守ることと言えるでしょう。本来は「変化」を得意とするタイプですが、色々な物事の側面を見てしまうと、すべてを解決に導くような視点に立てなくなってしまうのです。

　非常に強い感情の持ち主で、人やものへの愛情にあふれた人生を送る傾向にあります。ただし、芸術的で創造的な気質のため気が散りやすく、一つのことをコツコツやり遂げることが苦手です。非常に繊細な理想家タイプゆえ、一人の時間を持ち、自分自身を充電することが欠かせません。しっかりと地に足をつけながら、自分の夢を追い求めるよう心がけるとよいでしょう。

このタイプに向いているのはフリーの仕事です。
ただし、フリーなら何でもよいというわけではなく、
創造性が活かせたり、何らかの意義が感じられる
仕事を好みます。

## ムーンストーン

　あなたは非常に強い感情と直感を持ったタイプです。家庭や家族を「自分という存在の中心」ととらえ、常に自分自身や愛する人々を守ることを第一に考えています。また面倒見がよく、他人への支援も惜しみません。ただし記憶力がよいため、誰かに傷つけられた場合はそのことを根に持ち、神経質になったり不機嫌になってしまう場合もあります。

　このタイプにとって最も大切なのは、自分の夢にほかなりません。すぐれた直感力で信頼すべき人を本能的に感じとることができる一方、現実的な一面も持ち合わせているため、お金の管理もソツなくこなします。親密さと思いやりを重視し、常に愛され、理解されている状態を何よりも求めるタイプです。なお、過去やそれを象徴するものを手放すことが苦手なため、思い出の品々を捨てられずに溜め込んでしまう傾向が見られます。

このタイプに向いているのは、相手に共感し、
世話を焼くような仕事です。
しかもその粘り強さが評価され、プライバシーが
守られる職場でなければなりません。

## モスアゲート

　あなたは違いが分かる、洗練された「美食家」の本能を持ち合わせたタイプです。分別があり、細かな詳細を見逃さないため、有能な組織者になるでしょう。また几帳面な性格で、物事の根本原因を探るのが上手なので「まとめ役（フィクサー）」にも向いています。このタイプにとって最も大切なのは、誰かの役に立つことにほかなりません。他人に必要とされ、忙しく動き回っているときに一番幸せを感じます。

　本来目立ちたがり屋ですが、状況次第では謙虚で控えめになることもできます。また自分に厳しいため、親しい相手に対しても厳しい目を向けずにはいられません。なお、このタイプの中には、手を使った作業を好む人もいます。リラックスできる環境さえ整えば、ガーデニングや料理、事務仕事などですばらしい業績を残すこともできるでしょう。

このタイプは自分に厳しく、
常に優秀さ・有能さを追い求めようとします。
常にその姿勢を貫くことができる仕事・職場こそ、
このタイプに最適であると言えるでしょう。

## アメトリン

　あなたは冒険好きで先見の明があり、常に手の届かないような可能性や信念を追い求めるタイプです。「自分にとって最も大事なのは自由」と考え、地図上でも実際でも「旅」することに引かれます。また自分の経験や知識を広げ、外国の文化や宗教を学びとり、それらを自分の人生に活かすことに情熱を傾けようとします。

　楽観主義で寛大なため、人生に対して常に前向きです。自分のように前向きに生きるよう他人を勇気づけたり、励ましたりもします。ただし、ときには自分の考えに夢中になるあまり、軽率で思いやりに欠けた行動や、無神経で見境のない行動をとってしまうこともあります。とはいえ、このタイプが基本的に情に厚く、心の温かい人であることに変わりはありません。

このタイプに一番向いているのは、
自分のエネルギーと熱意をフルに発揮できる
仕事です。そういう仕事に就いた場合、
自分のように前向きに生きるよう、
他人を励まし勇気づけることができるでしょう。

## アクアマリン

　あなたは「個性的であること」を最も大切に考え、他人とは違った人生を歩む傾向にあるタイプです。大勢の友だちに囲まれることは好きですが、「親密な関係を築くと、自分のスタイルを貫けなくなってしまう」と考え、誰に対しても一線を引こうとします。個性的で独創的で、ときには反抗的にすらなりながら、ひたすら自分の理想を追い求めます。「そうすることが人生だ」と考えているのです。

　コロコロと言うことが変わるため、周囲と軋轢を生むこともあります。「エキセントリックで頑固、扱いにくい」と見られることもあるでしょう。非常に高い知性の持ち主ですが、デスクに縛られることをいやがります。また真実を追究するのが好きで、人間・動植物・地球のよりよい未来に関心があるため、慈善行為や貢献活動に打ち込む可能性もあるでしょう。

このタイプに一番向いているのは、
自由性や独立性を保てる職場です。
特に、持ち前の独創性や才能を発揮できる
仕事がよいでしょう。

## サンストーン

　あなたは「どこにいても、何をやっても常に輝いていたい」と考えるタイプです。誇り高く威厳があり、強い個性の持ち主であるうえ、常に寛大で信頼が置けるため、多くの人の尊敬を集めます。人生に対して揺るぎない信念を持ち、気高い態度を貫きますが、その分細かな詳細を見落としてしまうことも多々あります。

　非常に正直で理想主義者であるため、他人に裏切られると傷つかずにはいられません。もともと寛大で陽気で愛すべき性格ですが、場合によっては「偉そうだ」「うぬぼれている」「自分をひけらかしている」という印象を周囲に与えかねません。

このタイプに一番向いているのは、
活動の機会をたくさん与えられる職場、
スポットライトを浴びることができる職業、
自分の権限を駆使できる仕事です。
大規模プロジェクトの運営・管理などを
上手にこなすことができます。

## ブルークォーツ

　あなたは美しい環境と穏やかな雰囲気を何よりも求めるタイプのため、皆が気持ちよく過ごせる環境づくりに尽力します。たとえば目の前に対立する人々がいても、どちらの側にもつかず、その和解にベストを尽くそうとします。一見、素直で他人の言いなりになる印象を与えますが、本当はかなりの切れ者です。主導権争いを繰り広げる人々を優しく巧みに誘導し、最終的には彼らが狙っている座に自分がついてしまうのです！

　優雅さと如才なさだけでなく、服装センスやマナーもきちんとわきまえています。ただし、このタイプで買い物依存症の傾向がある人は、だらしない生活を送ってしまう傾向があるので要注意です。このタイプが最も苦手とするのは醜さや不和・不一致がある場所にほかなりません。そういう環境に置かれると、能力をまったく発揮できなくなってしまいます。

このタイプに一番向いているのは、
その交渉の才能を活かせる仕事です。
またその審美眼が評価されるような仕事も
よいでしょう。

# パーソナリティー・クリスタルを使った視覚化

パーソナリティー・クリスタルは、あなたの特別な才能とエネルギーを引き出し、より輝いた人生を送るための手助けをしてくれます。それは、このクリスタルにあなた自身のエネルギーが凝縮されているからにほかなりません。だからこそ、あなたの最も強い個性や最大の美点を強化することができるのです。公の場でスピーチする必要がある日や、新しい職場にはじめて出社する日には、ここで紹介する簡単なエクササイズに挑戦してみてください。もちろん自信を高めたいときや自分を力づけたいときも、このエクササイズは有効です。

照明を落とした部屋に、リラックスした状態で横たわってください。エクササイズの効果を高めるために、フランキンセンス（乳香）かシナモンのエッセンシャルオイルを炊きましょう（お香でも構いません）。全身の力を抜き、おへその下にあなたのパーソナリティー・クリスタルを置きます。さあ、そのクリスタルがまぶしく輝くところをイメージしてみましょう。その輝きはどんどん増していきます。そのまばゆさをあなたの全身で感じとってみてください。美しく、温かく、わくわくするような感じを楽しむようにしましょう。

今度は、あなたのおへその下から反射光が輝き、クリスタルの輝きと合体するところをイメージしてみましょう。あなたの全身が、次第に一つの輝きにすっぽりと覆われていきます。その輝きは明るさを増しながらどんどん大きくなり、やがてあなたの全身を卵形に包み込んでいくのです。準備ができたら、これからあなたを待っている状況（スピーチしている場面など）をいきいきと思い描いてみてください。このとき、真の高揚感や「自分が好きだ」という気持ちを感じながら、楽しくいきいきと思い描くことが大切です。できるだけ長い間、この視覚化を続けるようにしましょう。

準備ができたら、ふだんの意識に戻ります。身体を軽く叩いて、グラウンディング（瞑想後、エネルギーを大地に戻すこと）を確認したら、専用ノートに今のエクササイズに関する記録をつけておきましょう。困難なことに挑戦するときはいつでも、このクリスタルが守っていることを心に留めておいてください。

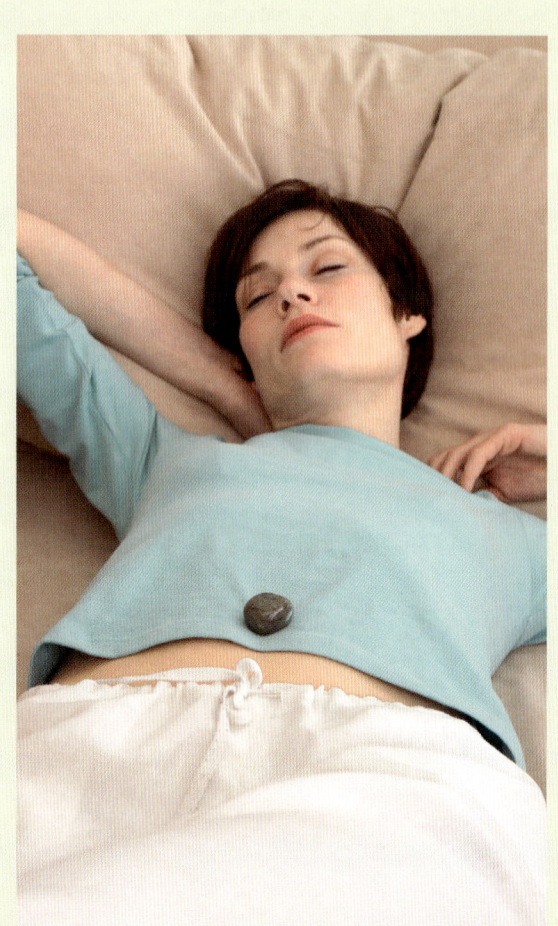

パーソナリティー・クリスタルで、あなたの能力を高めましょう。

# 友だちを引き寄せるための儀式

あなたは友だちづきあいにどんなことを求めますか？
「支えてほしい」「趣味を一緒に楽しみたい」「一緒に楽しく出かけたい」など、
答えは人それぞれでしょう。
さて、あなたはこういったことを一人の友だちに求めますか、
それとも何人かの友だちに求めているのでしょうか？

### 必要なもの
- ピンク色のポプリ
- ポプリを広げるためのトレイ（または大きめのお皿や蓋付きの箱でも可）
- あなたのパーソナリティー・クリスタル
- 数種類の小さめのクリスタル

トレイの上にポプリを広げ、その中心にあなたのパーソナリティー・クリスタルを置きます。残りのクリスタルを手に取り、あなたが友だちに求める要素（人柄、性質）を思い浮かべてみてください。このとき、あまり多くを求めすぎてはいけません。この世に完璧な人などいないのです。たとえば「アドバイス」や「助け」など、自分が友だちづきあいに求めている要素をじっくりと考えてみましょう。自分はそういった友情に値する人間である、という自信を持つようにしてください。

準備ができたら、それぞれのクリスタルをトレイのふちに並べていきましょう。もしそうしたければ、あなたが友だちに求める要素を各々の石に割り当てても構いません。あるいは、それぞれの石が「理想の友だち」であるところを視覚化してもよいでしょう。大切なのは、それらの石が「あなたのことを知りたがっている人々」である、というイメージをはっきりと思い描くことです。

毎朝起きるたびに、それぞれの石をあなたのパーソナリティー・クリスタルに少しずつ近づけるようにしましょう。それらがトレイの中心に達するまでの間、実生活ではすべての誘いを受けるようにしてください。あまり気乗りがしない誘いでも断ってはいけません。このエクササイズは、「必要だ」と感じたときはいつでも実践可能です。ただし、少なくとも1ヵ月以内に、それぞれの石がトレイの中心に達するようにしてください。エクササイズ実践中に気づいたことがあれば、専用ノートに記録するようにしましょう。

クリスタルを使って視覚に訴えることで、友だちを引き寄せる魔法が生まれます。

# クリスタルを身につける

身につけるなら、パーソナリティー・クリスタルが断然おすすめです。
このクリスタルは、あなたの特別な能力と自信を高めてくれるのです。

## クリスタルの身につけ方

身体のどの部分につけるかで、クリスタルの効果は次のように変わってきます。

- **ネックレス** 自分自身を言葉で表現する能力が高まります。スピーチや交渉、パーティーでコミュニケーションをとったり会話したりするときに最適です。
- **ペンダント** 相手に対する共感力が高まります。思いやりに満ちた反応を示せるため、相手に強い印象を残すことができるでしょう。
- **イヤリング** 褒め言葉や賛辞がよく聞こえるようになります。その結果、「自分は特別だ」という自信を高めることができるのです。
- **鼻ピアス** 「自分はちょうどよいときに、ちょうどよい場所にいる」という直感を得ることができます。
- **へそピアス** 個人的なパワーが高まります。ただし、中国医学では「へそは重要な経絡(けいらく)である。その部分を妨げることは気分の落ち込みにつながる」と考えられているため、へそピアスを奨励してはいません。このことをよく肝に銘じておいてください。
- **指輪** 創造性や生産性が高まります。もっと具体的に言えば、親指に指輪をはめると独立性が高まります。人差し指ならリーダーシップ、中指なら現実性および永続的な成果、薬指なら芸術性、小指なら作文やコミュニケーション能力が高まるのです。また利き手でない方の手の場合、「受け身」の意味合いが強くなります。たとえば右利きの人の場合、左手の薬指は「美しいものを実際に創造する」というよりもむしろ、「美しいものを鑑賞する」という意味になるのです。
- **ブレスレット** チャンスを受け入れる能力、チャンスをつかまえる能力が高まります。
- **アンクレット** 自信が高まるため、自らの経験を詳しく探り、さらに人として輝くためのヒントを得られるようになります。
- **トーリング** 大胆さ、冒険心が高まるため、自分自身に関して多くのことを発見できるようになります。

特別なクリスタルをネックレスとして身につければ、よりスムーズにコミュニケーションができるようになります。

あなたの手の中に、あなたの未来の可能性が秘められています。

# 自己啓発のための視覚化

パーソナリティー・クリスタルを手にとり、ゆっくりと時間をかけて自分の
能力開発について考えてみましょう。きっとすばらしい成果を手にできるはずです。

誰にも邪魔されない場所に横たわり、全身の力を抜いてください。どちらかの手にあなたのパーソナリティー・クリスタルをとり、意識を自分の心にゆだねます。さあ、狭い一本の田舎道を歩いているところをイメージしてください。あたりを見回し、木々や野原の様子、緑に広がる大地、真っ青な空の様子などをじっくりと感じてみましょう。今度は、耳を澄ませてあたりの音を聞き取ってみてください。かすかなそよ風や牛の鳴き声などが聞こえてくるかもしれません。全身に降り注ぐ太陽の光、髪を揺らすさわやかな風、あたりを漂う土のにおい、大地の豊かさ、刈りたての草の甘い香りを十分に感じとりましょう。しっかりと足を踏みしめ、自分と大地のつながりを感じてください。まるで本当にそこにいるかのような気分になり、可能な限りいきいきと、鮮やかに大地とのつながりを感じるようにしましょう。

あなたの前に分かれ道が見えてきます。一本の道は山につながっています。道が曲がりくねっているため、途中に何があるか見えません。てっぺん近くに、頂上につながる険しく岩だらけの坂道があるのが見えます。もう一本の道は暗い森の奥深くへつながっています。その先には湖があり、さらにその先には別の町があるのです。あなたはどちらの道を進むべきなのでしょう?

パーソナリティー・クリスタルからスピリット(魂)が現われ、あなたの手をしっかりととります。そのスピリットの姿をできるだけいきいきと視覚化してみましょう。もしそうしたければ、スピリットに親しく話しかけても構いません。

さあ、そのスピリットが道の一方にあなたを導いてくれています。スピリットと一緒にいれば、あなたは守られていて安全です。そのことをよく心に刻みつけましょう。今あなたが目にしている光景はすべて、あなた個人に関することです。決して結論を急がないよう注意しながら、あたりをよく観察してみてください。

準備ができたら、スピリットに感謝の気持ちを伝えてさようならを言い、ふだんの意識に戻ります。身体を軽く叩いて、水を飲み、グラウンディングを確認しましょう。今のエクササイズで覚えていることをすべて、専用ノートに記録してください。その中のどのような体験があなたの能力開発につながると思いますか?

# あなたの金運コード

その人の個性や環境によって、
お金との関わり合い方も大きく異なってきます。
お金を稼いだり、管理・運用したりするのがとても上手な人もいれば、
そうでない人もいるのです。

お金にまつわる環境は人それぞれです。何らかの必要に迫られて、今すぐお金を手に入れなければいけない人もいるでしょう。また遺産を相続し、賢明な投資法を模索している人もいるはずです。そういった環境もさることながら、お金にまつわる心理に注目することはもっと大切です。たとえば、あなたは本当はゆとりのある暮らしをしているのに、わざと貧しいフリをしてしまってはいませんか？ あるいは、お金を稼いでもすぐに使ってしまってはいませんか？ 洋服の衝動買いで気分転換をしたり、計画性なくお金を浪費してしまってはいませんか？

なかにはギャンブルにお金をつぎ込んでしまっている人もいるでしょう。その一方で、「財布をなくした」と頭を抱え込んでいる人もいるかもしれません。どんな状況でいかなる問題を抱えていようと、マネー・クリスタルは、そんなあなたの力になってくれます。これは、あなたの収支のバランスをとり、豊かさへと導いてくれるクリスタルなのです。

可能であれば、ここで紹介するタンブルクリスタルをすべて入手するようにしてください。もしそれが無理なら、各々の石の写真を使っても構いません。名前を書き込んだ紙だけでは、最終的に一つに絞り込むことが難しくなってしまいます。どうかこのことを忘れないようにしてください。

# マネー・クリスタルの選び方

マネー・クリスタルを選ぶ前に大切なのは、まずリラックスし、お金にまつわるあなたのニーズと状況をじっくりと見きわめることです。こうすれば、クリスタル選びにあなたの意識を完全集中させることができます。場合によっては、クリスタルからのメッセージによって、お金に対する自分の考え方をよりよく理解できることもあるかもしれません。これこそ、クリスタルが持つすばらしい力の一つと言えるでしょう。

### 必要なもの
- 12種類のタンブルクリスタル（ジェード、タイガーアイ、アベンチュリン、ブラッドストーン、カルサイト、クリソプレーズ、ペリドット、サファイア、グリーントルマリン、ゴールドトパーズ、グリーンクォーツ、スピネル） ●緑色のろうそく、金色のろうそく ●パチョリのエッセンシャルオイル、またはお香 ●緑色の布 ●有機栽培の玄米 ●陶器のボウル ●布袋

### 布袋メソッド

布袋の中に、すべてのクリスタル（または名前を書いた紙）を入れます。静かに腰を下ろし、目を軽く閉じてリラックスしましょう。自分の財政状況を振り返り、今一番必要な要素は何か考えてみてください。心の準備ができたら、布袋の中からあなたのクリスタルを選び、取り出しましょう。

### キャンドルメソッド

全種類のクリスタル（またはその写真）を、緑色の布の上に並べます（昔から、緑色は金運に関係する色と言われています）。それらの石のうしろに緑色のろうそくをともし、それらの前にあなたの財布やクレジットカード、小切手帳などを置いてください。あなたの財政状況に関する重要書類や、やりくりの目安にしている新聞・雑誌の切り抜き記事などでも構いません。

それらの石の正面に座り、軽く目を閉じてください。その中で、自分のお金にまつわる状況を助けてくれる石はどれか、考えてみましょう。準備ができたら、目を開けてください。その瞬間、最初にあなたの目に飛び込んできた石か、ひときわ輝いて見えた石が、あなたのマネー・クリスタルにほかなりません。

## ライスボウル・メソッド

このメソッドには、実物のクリスタルと有機栽培の玄米を入れた陶器のボウルが必要です（栄養満点であることから、お米は伝統的に「富」に関連するものと考えられています）。緑色の布の上に、全種類のクリスタル、玄米を入れたボウル、緑色と金色のろうそくをそれぞれ置きます。ろうそくに火をつけ、パチョリのエッセンシャルオイルを炊いた（またはお香を焚いた）あと、クリスタルの正面に座ってリラックスしましょう。

利き手をボウルの中に入れ、巨万の富を手にしている自分自身の姿をしばらく思い描きます。今度はそのイメージを思い浮かべたままで、それぞれのクリスタルを手に取ってみてください。各々の石からどのような印象を受けますか？　あなたのイメージを一番高めてくれるのは、どの石でしょうか？　もし一つに決められないなら、迷いを感じる石だけ残してこのエクササイズを何回か繰り返し、最終的に一つに絞り込むようにしてください。最後に残ったものこそ、あなたのマネー・クリスタルにほかなりません。

## クリスタルサークル・メソッド

これは、特別な金銭問題（たとえば買い物やギャンブルによる借金など）で悩んでいる人向けのメソッドです。なお、このメソッドは大きな緑色の布（可能なら、緑色のじゅうたん）の上で行うようにしてください。オイルを炊き（お香を焚き）、緑色の布（じゅうたん）の上に、大きな弧を描くように全種類のクリスタル（またはその写真）を並べましょう。

そのクリスタルの弧の真ん中に座って、自分の金銭問題について考えてみてください。その問題を端的に表す状況（たとえばショッピングに出かけるなど）をイメージしましょう。その状況で必要なのは、お金を使おうとしているあなたを引き留め、ためになるアドバイスをしてくれる守護霊にほかなりません。その優しく賢くて堅実な守護霊が、一つのクリスタルから現われる様子をイメージしてみてください。はたして、それはどのクリスタルでしょうか？

## 視覚化メソッド

これは、お金に関する感情的な問題（たとえば慰謝料が絡んだ離婚など）を抱え、その問題をハッキリと認識している人向けのメソッドです。クリスタルサークル・メソッドと同じやり方で、全種類のクリスタル（またはその写真）を並べてください。このとき、溜まっているクレジットカードの支払いや、慰謝料に関する書類のことなどをあれこれと考えてはいけません。クリスタルの正面に座り、試練に直面している自分自身の姿をイメージしてください。たとえば別れた伴侶との離婚調停に臨んでいる自分、あるいは銀行の支店長と融資の交渉をしている自分の姿を思い描くのです。さあ、あなたはどのクリスタルが一番自分に必要だと感じましたか？

# マネー・クリスタルの意味

## ジェード

　これはお金に対する前向きな考え方を促し、財産の価値を高め、それを賢く使うように導いてくれるクリスタルです。あなたのお金作りの才能を刺激し、お金を引き寄せる能力を高めてくれます。とはいえ、ジェードはもともとスピリチュアルな石です。そのため、お金に対する節度ある態度やバランス感覚も同時に養ってくれます。「真の豊かさとは、銀行口座の残高だけで決まるものではない」ということに気づかせてくれるのです。

　ジェードを選んだ人は、もうお金に関してくよくよ迷う必要はありません。これは否定的な考えを追い払い、「お金の管理は極めて簡単なことだ」という事実に気づかせてくれるクリスタルなのです。この石には、身につけるとお金を引き寄せ、それを優雅に受け取れるようになる力が秘められています。

ジェードはあなたの満足感、独立性を促してくれます。この石の力を借りれば、自分のリソースに気づき、それを有効活用できるようになるでしょう。

## タイガーアイ

　これは高い保護作用のある石で、かつては呪いやあらゆる種類の危険に対するお守りとして携帯されていました。タイガーアイには、あなたの財産を脅かすもの（特に泥棒や詐欺師）からあなた自身を守る力が秘められています。またまさに虎の目（タイガーアイ）のように鋭い洞察力を促す力もあります。この石の力を借りれば自分の本当のニーズを知り、そのニーズと他者のニーズの違いをハッキリと区別できるようになるのです。

　タイガーアイを選んだ人は、「自分のお金が狙われている」という危機感を感じているのでしょう。あるいは、自分のお金作りの才能にまったく自信が持てずにいるのかもしれません。太陽の光を浴びながら、タイガーアイを手にとってじっと覗き込んでみてください。そうすれば、何らかのインスピレーションが得られるはずです。

タイガーアイは、自分の才能に対する信頼を高めてくれる石です。自分の弱さと向き合い、それを克服する強さをあなたに与えてくれるのです。

## アベンチュリン

　これは繁栄を引きつける石です。この石の助けを借りれば、明らかに不利な状況も「富を得るための好機」に変えてしまうことができます。あなたが経営者なら、この石の導きによって、より有益な選択（たとえばすきま市場の開拓など）を下すことができるでしょう。またあなたが投資家なら、この石の手助けによって、これから「大化け」する銘柄を見つけることができるでしょう。アベンチュリンは「ギャンブラーの石」とも言われています。この石は幸運をもたらすだけでなく、「ポーカーフェイス」を保つための冷静さも促してくれるのです。またバランスのとれた心理状態を導き、直感を高めてくれる効果もあります。

　アベンチュリンを選んだ人は、お金に対する自分の態度に物足りなさを感じているのでしょう。「バカな真似はしたくないけれど、もう少し大胆になって、稼ぐチャンスを引き寄せたい」と考えているはずです。もしかすると、あなたはお金に対して保守的すぎるのかもしれません。あるいは、自分に対する自信をもう少し高めたいだけなのかもしれません。

お金を積み立てることについて
よく考えてみましょう。
チャンスが来たときのために、いつでも
アベンチュリンを携帯するようにしてください。

## ブラッドストーン

　この石は、困難な状況を改善したいときに役立ちます。ブラッドストーンを選んだ人は「将来のお金に対する悩みをなくして、今この瞬間に集中したい」と考えているのでしょう。だからこそ、コントロール力の強いこの石に引かれたのです。

　もしあなたが快適なマネーライフを送っているなら、この石はその資産を守ってくれるだけでなく、信頼すべき人とそうでない人を判断する力も与えてくれるでしょう。もしあなたが第三者への投資や融資を考えているなら、この石はそれが本当に適切な行動かどうか、信頼できる儲け話かどうかを教えてくれるでしょう。なお、キャッシュレジスターや現金箱の中にこの石を入れておけば、入ってくるお金を増やすことができます。

この石の助けを借りれば、
困難な状況を次第に改善することができます。
不安定な状況に落ち着きを与え、
確実な豊かさをもたらしてくれるのです。

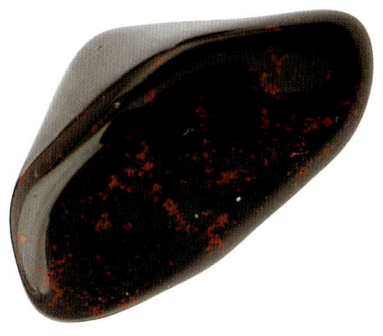

## グリーンカルサイト

　グリーンカルサイトは、お金に関する古い思い込み（たとえば「お金を持っていても貧乏なフリをしていた方がよい」）や信念（「私は何をやってもうまくいかない」）、または不健全な感情（「私など金持ちになる資格がない」）を手放す手助けをしてくれます。そうやって精神的に成長することができれば、「富」のイメージをもっとハッキリと思い描けるようになるでしょう。これこそ、お金を得るための第一歩にほかなりません。

　カルサイトを選んだ人は「時代遅れのマネー観を捨てて、もっとリッチな自分を思い描きたい」と考えているのでしょう。あなたの潜在意識が「いつも一番安いものを買う必要はありません。たまには一番質のよいものを買ってよいのですよ」というメッセージを送ってくれているのです。なお、カルサイトには企業・事業の効率性を倍加させる力もあります。重要アイテム（たとえば契約書）と一緒に置いておくようにするとよいでしょう。

カルサイトには、特に家にお金を呼び込む力があります。自宅でお金にまつわるものをまとめてある場所に置いておくか、家庭団らんの際に火をつけた緑色のろうそくの隣に置くようにするとよいでしょう。

## クリソプレーズ

　これは「私はこの美しい、相互接続された宇宙の一部である」という感覚を高めてくれる石です。この感覚が高まると、ビジネスに対する不安が一掃され、冷静にチャンスを見きわめて心を開けるようになります。またこの石の助けを借りれば、買い物中毒を克服したり衝動的な出費を抑えられるようになり、お金に関して正しい方向へ、前向きな努力を重ねられるようになるのです。

　クリソプレーズを選んだ人は「この浪費癖を治したい。いくら浪費しても空しいだけだ」と考えているのでしょう。この石の手助けを借りれば、異常な購買意欲を抑え、自分の理想のためにお金を使えるようになります。これは過去の間違いを見きわめ正すことができるよう、あなたを導いてくれる石なのです。クリソプレーズを携帯すれば、お金が集まってきます。特に、話し方次第で年収が決まる人（たとえば営業や接客業の人）にはおすすめです。

クリソプレーズはリラックス感、信頼感をもたらし、人生に幸運を呼び込んでくれます。

## ペリドット

　もしあなたがお金に関して悪い習慣を持っているなら、ペリドットはその悪習を断つ手助けをしてくれるでしょう。もしあなたがケチなら、この石はそれが逆効果であることを教え、人生に健全なお金の流れを呼び込んでくれるでしょう。またこの石にはあなた自身の嫉妬心、さらにあなたに対する他人の嫉妬心を消す力もあります。どんな嫉妬による攻撃からも、しっかりとあなたを守ってくれるのです。

　ペリドットを選んだ人は「お金に対する自分の態度を見直したい。これまでの態度はあまりに不健全だった」と考えているのでしょう。この石の導きによって、あなたは他人に対する非難をやめ、自分の行動や態度に100％責任を持てるようになります。なお、名刺ケースの上にペリドットを置けば、1枚1枚に幸運を行き渡らせることができます。

ペリドットは、
あなたに必要な変化をハッキリと教え、
その変化をもたらす手助けをしてくれます。

## サファイア

　この石は、目に見える贈り物（富や財産など）だけでなく、より抽象的な贈り物（アドバイスや情報など）も引き寄せてくれます。また目の前の物事に対する集中力を高めたり、高揚感や楽しさを促したり、「人生はすばらしい」という気持ちを高めたりしてくれるのです。

　サファイアを選んだ人は「私を一気に窮地から救い出してくれるような、気前のよい贈り物が欲しい」と考えているのでしょう。あるいは「もっとエネルギーや創造性、前向きな考えを高めて、お金を引き寄せられるようになりたい」と感じているのかもしれません。そのどちらにせよ、この石はあなたの望みを叶えてくれるだけでなく、心の穏やかさも促してくれるのです。また、この石には詐欺やぺてんをはねつける力があるため、お金に関する訴訟を抱えている人には特に有効です（もちろん、あなたが正しい側でなければ、この石の助けは得られません）。

サファイアは、昔から特に魔力のある石と考えられてきました。この石には、いかなる企業組織もパワーアップさせる力が秘められています。

## グリーントルマリン

　この大地のエネルギーを秘めた冷静な石の助けを借りれば、お金の価値をしっかりと認め、現実的でバランスのとれた態度を貫けるようになります。この石は贈り物を引き寄せるだけでなく、すでに持っているものの価値も教え、次から次へとないものねだりをしないよう戒めてくれるのです。

　グリーントルマリンを選んだ人は「私はお金のことに関して、もう少し我慢強さや堅実さを身につける必要がある」と考えているのでしょう。また「自分の創造性を活かしてもっと富を引き寄せたい」という意欲を持っているのかもしれません。たとえ今、金銭問題でパニックを起こしている人でも、この石の優しい力を借りれば、次第にバランスのとれた考え方ができるようになります。なお、この石を貯金箱に入れておけば小銭が溜まります。また身につければ、創造性を高めることができるのです。

グリーントルマリンは、
上司（特に親くらいの年代の人）に接する際の
自信や落ち着きを養ってくれます。

## ゴールドトパーズ

　トパーズは、刺激的でありながら深い鎮静効果を持つ石です。この石には、お金に関する目標を短期・長期別に選り分け、その達成をスムーズにしてくれる効果があります。トパーズを選んだ人は「人生を確かな軌道に乗せたい」「将来に備えた計画を立てたい」と考えているのでしょう。あるいは「今の経済状態に問題はないけれど、もう少し自分のためにお金を効率よく使うためのインスピレーションが欲しい」と思っているのかもしれません。

　これは問題を解決に導くには最適の石です。全体を見失うことなく、細かな詳細にまで光を当てる手助けをしてくれます。太古の昔、この石は「身につけると姿が見えなくなる」と信じられていました。トパーズを身につければ、あなたからお金をとろうとしている人々（泥棒から駐車監視員まで）の注意をそらすことができるのです。

トパーズは、
あなたをリッチな気分にしてくれるだけでなく、
お金では買えない大切なものを
楽しむ術も教えてくれます。

## グリーンクォーツ

　この石の導きにより、あなたは浪費をやめて賢く節約し、最低の金額で最高のものを得られるようになります。グリーンクォーツを選んだ人は「私はお金を使いすぎている。なんとしてもこれ以上の赤字は避けたい」と考えているのでしょう。なお、特にお金の問題がない人の場合、この石に思いやりの気持ちを刺激され、賢明な慈善活動をすることができます。

　この石には記憶を刺激する性質もあります。もし過去の失敗を思い出してしまったら、その記憶を何度もたどってはいけません。それよりも何かを上手に成し遂げたときのことを思い出し、自分の力を伸ばすよう心がけましょう。グリーンクォーツを身につければ、「円滑な人生」を引き寄せることができるのです。

グリーンクォーツは金銭上の問題だけでなく、あらゆる種類の「バランスの悪さ」にはたらきかけ、それらを癒すことができます。

## スピネル

　これは、差し迫った状況に希望と励ましを与えてくれる石です。スピネルを選んだ人は「私はお金に関して不運続きだ」と考えているのでしょう。この石はそういった状況を笑い飛ばし、自分に有利な方向へ流れを変えてしまう力を与えてくれるのです。その一方で、万事順調にいっている人に対しては「今の状況に感謝しなさい。そして謙虚さをいつまでも忘れずに」というメッセージを与えてくれます。

　この石は思いやりの気持ちを刺激します。もしも周囲に意地悪な人がいるなら、グリーンスピネルを飾るか身につけるかするとよいでしょう。相手に反省を促すことができます。また「やるべきことがありすぎて、お金の問題にうまく対処できない」という人は、スピネルを自分のデスクのそばに置いてみてください。エネルギーの流れをよくすることができます。

昔から、スピネルは「富を引き寄せる石」と言われています。
そればかりか、この石はお金をさらに稼ぐため、さらに自分の財産を守り抜くための体力も増強してくれるのです。

# 豊かさを引き寄せる視覚化

「私は人生の中で、すばらしいものをいっぱい受け取ることができる」こう信じると、あなたの欲しいものが次々とあなためがけてやってきます。
これは何も不思議なことではありません。
自分の意識と信念を変えれば、それ以前と比べて行動に変化が現われます。
次第に、あなたは富を引き寄せられるようになるのです。

**必要なもの**
- 金色のボウル ●シナモンかパチョリ、またはオレンジのお香スティック ●小麦の穂（陶器の皿に載せたアーモンドや松の実、またはどんぐりやお米でも代用可能）
- 金色のろうそく（以上の四つは、水、風、地、火の象徴です） ●金色のスカーフ（その上に座れるくらい大きなサイズのもの）

**1** スカーフを真ん中に敷き、その西の方角にボウルを、南にろうそくを、東にお香スティックを、北に小麦（または代用品）を置いてください（南半球に住んでいる人は、南北を逆にしてください）。ろうそくに火をともし、お香を焚き、穏やかな気分を感じましょう。

**2** ろうそくを正面に見ながら腰を下ろし、マネー・クリスタルを手に取ります。そのクリスタルに向かって、お香の方向から仕事や収入に関するよい知らせが流れてくるところをイメージしてみてください。同様にそのクリスタルに向かって、ろうそくの方向からエネルギーとチャンスが、ボウルの方向から支援してくれる人々が、小麦の方向から現金と財産が流れてくるところをイメージします。最後に、そのマネー・クリスタルからあなたに豊かさがどっと流れ込んでくる様子を十分に感じとってください。

**3** この視覚化は、何分でも好きなだけ続けることが可能です。また何度でも繰り返すことができます。

このエクササイズのよい点は、たちまち豊かさを感じられるところです。

# お金に対して健全な態度を高める瞑想

「貧乏になってしまったらどうしよう？」そんな怖れが募るほど、
賢明な投資ができなくなってしまうものです。
このシンプルな瞑想を行えば、リラックスし、
人生の恵みを素直に信じられるようになるでしょう。

　誰にも邪魔されることのない、静かでくつろげる場所に移動してください。もしそうしたいなら、大好きな音楽をかけても構いません。この瞑想は太陽の光を浴びながら行うと最大限の効果を得られます。もしそれが無理なら、金色のろうそくに火をつけて気を静めるようにするとよいでしょう。気分が落ち着いたら、ひざの上にあなたのマネー・クリスタルを置きます。

　小川のかたわらに座っている自分の姿をイメージしてください。その小川には金色の水が流れています。そしてあなたはコケで覆われた、柔らかな川岸に身体をもたせかけているのです。あなたのまわりには新鮮な緑がいきいきと生い茂り、あなたの頭上からは太陽の光がさんさんと降り注いでいます。どこからか鳥のさえずりや水の流れる音が聞こえ、あたりにはオレンジの花の香りが漂っています。そんな雰囲気の中、あなたは大きなゴブレットのすべすべした脚をしっかりと握っています。そのゴブレットは、あなたのマネー・クリスタルから作られたものなのです。

　さあ、いきおいよく流れる水を見つめてみましょう。その流れは太陽の光を浴びて、キラキラと輝いています。新鮮で澄んでいて、滞ることなく前に進み、まったく細ることなく豊かに流れています。しばらく、その流れを見つめて自由に空想を膨らませてください……。さあ、身を乗り出して、あなたのゴブレットにその水を汲んでみましょう。ゴブレットの中で、水はキラキラとまぶしく輝き渡ります。さあ、その水を川に戻して、また汲みあげてみてください。そのあと好きなだけ、この作業を続けてみましょう。もしそうしたければ、その水を飲んでも構いません。あるいはリラックス感を高めるために、そのゴブレットをひざの上に載せ、穏やかな気分を満喫してもよいでしょう。「もう十分だ」と思えるまで、この作業を続けるようにしてください。

　準備ができたら、ふだんの意識に戻ります。このエクササイズ中に思い浮かんだ考えを、専用ノートに記録しておくようにしましょう。

豊かな感じが心の中に広がっていきます。

# 賢い消費のための儀式

「賢い消費」とは、お金を適切な理由（「ただ自分が楽しみたいから」という理由は論外です）や適切な選択のために、適切な予算内で使うことを意味します。
この態度を貫くためには、自分の本当の願いを常に把握していなければなりません。
マネー・クリスタルには、
そのような願いとあなた自身を強く結びつける力が秘められているのです。

### 必要なもの
- あなたのマネー・クリスタルでできたブレスレット（タンブル加工されたものや研磨されたものをひもや鎖で一連につなげたもの）。なお、あなたがふだんから財布の中にマネー・クリスタルを入れているなら、その石でも代用可能です（財布にマネー・クリスタルを入れると、無駄使いを防ぐことができて有益です）。

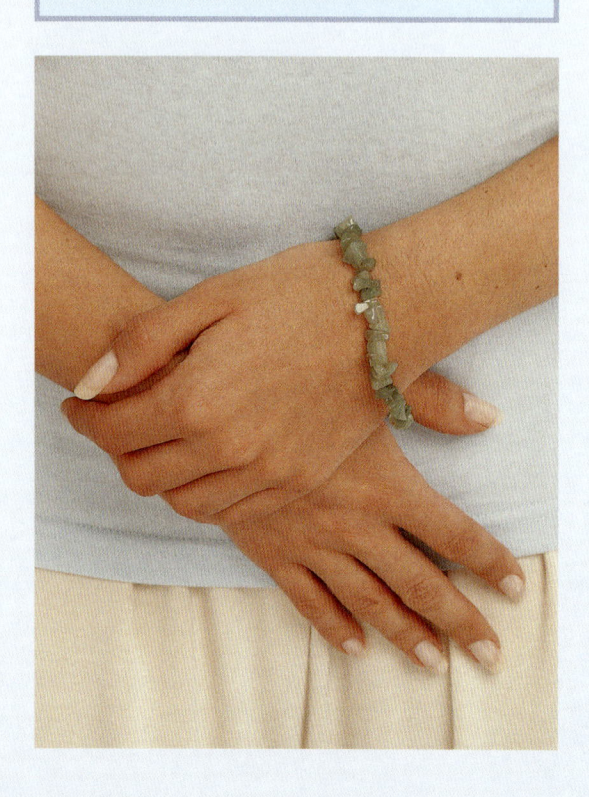

この簡単な儀式は、あなたが買い物に出かける前、インターネットやカタログショッピングを始める前、あるいは必要を感じたときはいつでも実施することができます。まずマネー・クリスタルのブレスレットを正面に置いてください。

マネー・クリスタルをよく見つめたあと、軽く目を閉じ、そのクリスタルのスピリット（魂）が現われる場面をイメージしてください。どんな姿かたちであれ、そのスピリットは、あなたの智慧・バランス・実用性を高めてくれる存在です。そのスピリットが、ゆっくりとあなたの全身を包み込んでいく様子を感じとってみましょう。このときスピリットからマネー・クリスタルの色が流れ出し、あなたの周囲を取り囲み、力強く守ってくれている様子をイメージするとよいでしょう。それは、あなたの無駄遣いを防いでくれる盾にほかなりません。また買うべきもの、適切なものをあなたのために引き寄せてくれる盾でもあるのです。スピリットの言葉や印象によく注意しながら、このイメージを好きなだけ思い浮かべてみましょう。

最後にスピリットにお礼をいい、クリスタルの中に戻るようお願いしましょう。そして手首にブレスレットをはめ、3回こう唱えてみてください。「無駄遣いしないよう、そして必要なものだけ引き寄せられるよう、どうか私をお守りください」——このあと、ブレスレットをつけたまま（またはクリスタルを財布に戻して）買い物に出かけるようにしましょう。

マネー・クリスタルのブレスレットは、買い物中のあなたに賢明なアドバイスを与えてくれます。

あなたの「マネーポット」を、ふだんお金を管理している場所の近くに置きましょう。

# お金管理のためのエクササイズ

お金の管理がうまくできない人は、
自分のマネー・クリスタルを通帳と一緒に置いてみてください。
あるいは請求書や明細書、住宅ローン関係の書類、小切手帳、
クレジットカードなどの保管場所に置いてもよいでしょう。
マネー・クリスタルの助けを借りれば、お金を上手に管理できるようになるのです。

> **必要なもの**
> ● ごま　● 数種類の食品着色料（すべて違う色のもの）
> ● 何本かの深くて透明な容器（スパイスポットが理想的）
> ● ボウル

ここで紹介するシンプルなエクササイズは、あなたの潜在意識に「あなたのお金はよく管理されています。あなたの『マネーポット』はすべて満たされていますよ」というメッセージを送るためのものです。まず、ごまを入れたボウルに自分のマネー・クリスタルを置き、一晩そのままにしておきましょう。そのクリスタルのエッセンスをごまに染み込ませるのです。次に、あなたの生活予算を割り出してみてください。事細かに計算する必要はありませんが、大切な費用項目（たとえば食費、服飾費、ローン、娯楽費、レジャー費など）は必ず入れるようにしましょう。

それぞれの費用項目を透明な容器に1本ずつ割り当て、それらの容器にスプーンでごまを入れていきます。このとき、予算の大きさに合わせてごまを入れるよう心がけてください。たとえばローンが食費の2倍なら、「ローンの容器」には「食費の容器」の2倍の量のごまを入れなければなりません。全部入れ終えたら、食品着色料を加えてよく振ってください。

それらの容器をふだんお金を管理している場所の近くに置き、2、3ヵ月に一度、忘れずに中身を新しくするようにしましょう。なお、このエクササイズは、あなたの好きなもの（たとえばお菓子やナッツ、スパイスなど）でも実施することができます。容器の中身を正しい割合で入れ替え続けている限り、このエクササイズの効果は持続します。あなたはそれらの容器を目にするたびに、「自分はこれらをきちんと管理できている」という充実感を覚えることができるのです。

# あなたのリラックスコード

リラクゼーション・クリスタルは、あなたに最適な方法で心身の緊張をほぐしてくれるクリスタルです。ただし、そのような効果を得るためには、自分のクリスタルに多くを問いかけ、ゆったりとくつろぐための教えを乞わなければなりません。

リラクゼーション・クリスタルを選ぶためには、まずリラクゼーションの基礎知識を学ぶことが大切です。そうすれば、自分にぴったりのクリスタルを選び、本書で紹介している多くのエクササイズや瞑想をさらに効果的に実践できるようになります。

　発作や心臓病といった深刻な身体症状には、例外なくストレスが関係しています。ストレスは免疫機能を低下させ、感染症の再発から重い片頭痛まで、様々な体調不良を招いてしまうのです。

　この章で取り上げる「リラクゼーション」こそ、私たちの健康維持に不可欠な要素にほかなりません。また、これは宇宙との一体感を得るための「意識の拡大化」にも欠かせない要素と言えるでしょう。なぜなら緊張することで、あなたは自分の直感、内なる智慧、真の喜びを感じられなくなってしまうからです。だからこそ、心身共にリラックスする方法を身につけることが大切になってきます。さあ、あなたも一緒に「リラクゼーション」について学んでいきましょう。

# リラクゼーション・テクニックの実践法

ここで紹介するのは、あなたの無意識に「リラクゼーションの法則」を教え込み、自動的にそれを繰り返させるためのテクニックです（無意識には、決められた手順を素直に繰り返す性質があります）。このテクニックを日常的に実践すれば、創造性のチャネルも霊的なチャネルも大きく開くことができるのです。

まず一日のうち10分間、リラックスのための時間を設けるようにしましょう。そう、このテクニックは毎日欠かさず実践しなければなりません。「一日でもさぼったら効果がゼロになる」とまでは言いません。でも、最初のうちから毎日実践するよう心がければ、やがてそれがあなたの生活パターンになっていくのです。「それなら一週間に一度、まとめて1時間エクササイズをやればいいんじゃない？」と考えた人もいるかもしれません。たしかに何もしないよりはましですが、おそらくそれでは長続きしないでしょう。エクササイズの最中に寝入ってしまうか、あるいは日々の問題をあれこれと考えてしまい、エクササイズに集中できなくなってしまうはずです。

早起きが得意な人は10分早く起きるようにして、朝目ざめたときにエクササイズを実践するのが一番です。子供やペットに邪魔されないよう注意し、電話の受話器ははずしておくようにしましょう。基本的に、このエクササイズはベッドに横たわったままの姿勢で行います。この姿勢によって、無意識に「リラックスしなさい」という信号が送られるからです（ただしエクササイズに慣れてきたら、そのまま眠ってしまわないように、椅子に腰掛けるか床にあぐらをかいた姿勢で実践するようにしてください）。さらにリラックス感を深めたいときは、ラベンダーのエッセンシャルオイルを炊くか、薄めたものをこめかみにつけるか、あるいはソフトな音楽をかけるようにするとよいでしょう。また不安や心配な気持ちに襲われやすい人は、カモミールのようなリラックスティーを飲むようにしてもよいでしょう。

意識を身体に集中させ、自分が心地よく快適な状態であることを確認しましょう。心の中で「一、リラックス、二、リラックス、三、リラックス」と唱えます。次に両足に意識を集中させ、足のあらゆる筋肉にギュッと力を入れ、一気

常にリラックスを心がけることが必要です。

に力を抜くようにしてください。こうしてわざと緊張させることで、ふだん意識していない筋肉も和らげることができるのです。さらに骨盤、おしり、内蔵、おなか、背中、胸、両肩の筋肉を同じ方法で和らげていきます。特に凝っている場所がないか、よく注意するようにしてください。今度は両腕、すべての指の筋肉を同じ方法で和らげ、こぶしを握りしめて一気に力を抜きます。最後に首、あご、顔、頭皮の無数の筋肉も同じ方法で和らげてください。

全身のリラックスが完了したら、「美しくて心地のよい場所」にいる自分自身の姿を視覚化してみましょう。そこであなたが見ているもの、聞いているもの、嗅いでいるもの、触っているものに意識を集中するのです。このとき、いくら心地がよくても「架空の出来事」や「過去の記憶」を思い浮かべてはいけません。もしそれらが思い浮かんでしまったら、意識を自分の身体に戻し、再び美しい場所に戻るようにしましょう。エクササイズを終了するときは、心の中で「三、二、一、目ざめましょう」と唱えます。身体を軽く叩いてグラウンディングを確認したら、何か飲むか食べるかするようにしてください。

# リラゼーション・クリスタルの選び方

リラゼーション・クリスタルは、ある程度リラゼーション・テクニックを身につけてから選ぶようにしてください。できれば、先のエクササイズを2週間続けてから選ぶようにするとよいでしょう。「どうしても待てない」という人はすぐに選んでも構いません（どんなクリスタルもあなたの邪魔をしたりはしないものです）。でもその場合、あとでもう一度、別のクリスタルを選ぶことになるかもしれません。

### 必要なもの
- 12種類のタンブルクリスタル（アクアマリン、アラゴナイト、ゴールドカルサイト、カルセドニー、レッドジャスパー、レピドライト、プレナイト、ロードクロサイト、ローズクォーツ、スミソナイト、スギライト、ブルートルマリン）、またはこれらの写真か名前を書き込んだ紙

### リラゼーションメソッド（1）

全種類のクリスタル（または写真か名前を書いた紙）を自分の近くに置き、リラックスした状態で先のエクササイズを行ってください。意識を身体に集中させたあと、「美しくて心地のよい場所」にいる自分の姿を思い描きます。この時点で、強烈なメッセージ（「私を選んでほしい！」）を発するクリスタルがあれば、その石を迷わず選ぶようにしてください。

### リラゼーションメソッド（2）

全種類のクリスタル（または写真か名前を書いた紙）を自分の近くに置き、リラックスした状態で先のエクササイズを行ってください。意識を身体に集中させたあと、「美しくて心地のよい場所」にいる自分の姿を思い描きます。そのあとエクササイズ終了の際に、グラウンディングを確認する前にこう自問してみてください。「私が『正しい』と感じるクリスタルはどれだろう？」この時点で思い浮かんだクリスタルこそ、あなたのリラゼーション・クリスタルにほかなりません。

こうして選んだリラゼーション・クリスタルは、瞑想などの静的な状態においても、芸術・スポーツ・演劇などの動的な状態においても、あなたの望み通りの深いリラックス感を促してくれることでしょう。

クリスタルの美しさは、リラックス効果を促してくれます。

# リラクゼーション・クリスタルの意味

### アクアマリン

　これは、神経過敏になっている人にすぐれた効果をもたらす石です。怖れを和らげる、大局的な視点を養う、自信をつける、霊感を高めるなどの効能があります。アクアマリンを選んだ人は、この石の持つ鎮静効果を必要としているのでしょう。特に厄介な状況にある人は「なんとかしてこの状況を切り抜け、満足のいく結果を出したい。そうすればリラックスして、前向きな人生を送れるだろう」と考えているはずです。

　もしあなたが責任感に押しつぶされそうになっているなら、この石の手助けで自信を高め、うまく状況に対処できるようになるでしょう。また身体面で言えば、これは安全性を高めると同時に、水がもたらすリラックス感をよりいっそう高めてくれる石です。まさにボート、水泳、ダイビングなどのウォータースポーツ愛好者が身につけるのに最適な石と言えるでしょう。

アクアマリンはあなたの視野を広げ、
固定観念を打ち破ってくれます。

### アラゴナイト

　この石を選んだ人は身体のリラックス感を最重要視し、「いつも全身で心地よさを感じていたい」と望んでいるのでしょう。おそらくあなたは「もっと感覚的な人間になりたい。五感に訴えかけてくるかどうかで物事を判断したい」と思っているのかもしれません。あるいは「自分の直感が得た『虫のしらせ』を具体的に表現したい」という意欲が高まっているのかもしれません。その一方で、アラゴナイトは地に足がついた感覚を促してくれる石でもあります。「心ここにあらず」の状態の人でも、この石の助けを借りれば即決即断できるようになるのです。

　アラゴナイトには身体を温め、脚不穏症などを癒す効果があります。またハードな仕事で疲れている人に安らぎを促し、パワーを高めてくれる力もあるのです。なお「料理が趣味」という人は、この石を身につけるようにするとよいでしょう。

この石は、あなたの魂のかなめが身体であること、
仕事・趣味を問わず身体のニーズの尊重が
不可欠であることを教えてくれます。

## ゴールドカルサイト

　ゴールドカルサイトは沈滞ムードを一掃し、人生に新たな息吹をもたらしてくれる石です。家でダラダラとした生活を送っている人も、この石の力を借りれば、戸外で身体を動かしてリラックス効果を得ることができます。またすでにアクティブな生活を送っている人も、この石の導きでより積極的な人生を謳歌(おうか)することができるのです。

　この石には心を浄化し、余暇・レジャーに関して賢明な選択を促す効果があります。クロスワードなどのパズルが趣味の人は、この石を身につければ一段とひらめきが冴えるでしょう。この石が手元にあれば、失望や落胆とは無縁の生活を送れるようになります。ゴールドカルサイトは、あなたの可能性と意欲を高めてくれるクリスタルなのです。

これは、勉強・学習中の人に冷静さ・集中力を促してくれるすばらしい石です。
この石のパワーを借りれば、自分に合った勉強・学習法を選んで続けていけるでしょう。

## ピンクカルセドニー

　友人と余暇を楽しみたい人には、調和と強調を促すピンクカルセドニーがおすすめです。これは幸福と善意を象徴する石にほかなりません。この石の助けを借りれば、悪夢に悩まされている人でも、より深いレベルのリラックス感を味わうことができます。穏やかな心の領域に到達し、上質の睡眠を体験することで、心身共にリフレッシュできるようになるのです。

　ピンクカルセドニーの力を借りると、この世の魔法に気づき、物語やファンタジーにのめり込むことができます。またこの石には音読を助ける効果もあるのです。そういう意味では、小説を読むときに最適な石と言ってよいでしょう。とはいえ、これは読書以外の趣味にもすぐれた効果を発揮するクリスタルにほかなりません。ピンクカルセドニーは「この世にはわくわくするようなことがたくさんある」という信念を刺激し、新しいことに挑戦する意欲を優しく高めてくれる石なのです。

この石には、健康についての心配を取り除き、心因性の症状を和らげるすぐれた効果があります。

## レッドジャスパー

　レッドジャスパーは積極性を高めてくれる石です。決断力、持久力、競争力を高めてくれるため、スポーツ好きな人にとって最適なクリスタルと言えるでしょう。その一方で、この石はリラックス感を高め、深いくつろぎを促す効果も持ち合わせています。それは、私たちが何かを積極的に楽しんでいるときに、日々のストレスや心配事を忘れてしまうからにほかなりません。

　またレッドジャスパーには、病気や手術後の回復期にある人に癒しを促し、体力をつけてくれる効果もあります。この石を選んだ人は「その場の楽しさに流されるよりもむしろ、もっと大きなリラックス感を感じたい」と考えているのでしょう。これはパワー、エネルギー、そして真の休養を象徴する石なのです。

レッドジャスパーの手助けによって、
あなたは自らの性的欲求を高めたり、
パートナーに波長を合わせたりすることが
できます。

## レピドライト

　レピドライトはすぐれた鎮静作用を持つ石です。興奮状態の人の気持ちを静めてくれる一方、うつ状態の人の気持ちを高揚させてくれます。「一人でくつろぎたい。誰にも邪魔されずに穏やかさを満喫したい」と考えている人には最適の石と言えるでしょう。もし何か悩みを抱えていて「時間を有効に使ってその解決策を考えたい」という場合、レピドライトの力を借りれば、すぐに冷静な心の状態に移行することができます。

　この石は、あなたの日常生活のストレスを和らげ、怒りや欲求不満を手放すよう導いてくれます。この石を選んだ人は、「私は有害な感情（たとえば上司に対する憎しみや渋滞のイライラなど）にさらされている」と本能的に感じているのでしょう。またこの石には悪夢を解消したり、心霊能力を高める効果もあります。

趣味がタロット占いや占星術の人は、
このレピドライトを身につけるようにすると
よいでしょう。

## プレナイト

　この石を選んだ人は「私はものの見方を変える必要がある。日常レベルに縛られることなく、もっと大きな視点から現実をとらえ、『宇宙意識』とつながらなければならない」と感じているのでしょう。プレナイトには自然に対する愛情を高め、その癒しの力を活用できるようにする効果があります。より現実的なレベルで言えば、この石には、あなたの人生を滞らせている障害物を取り除き、宇宙との一体感を高めて、本当に必要としているものを引き寄せるパワーが秘められているのです。

　この石を身につけて整理整頓したりリサイクル活動をすると、大きな解放感を味わうことができます。またこの石の力を借りれば、家庭内スペースを有効に管理し、自宅に調和をもたらすこともできるのです。その結果、あなたや家族にとって自宅が癒しのスペースとなることは言うまでもありません。

この石には、
原因不明の怖れや多動を鎮める効果もあります。

## ロードクロサイト

　これはダイナミックで積極的な姿勢を導いてくれる石です。特に、慈善活動に熱心な人はこの石を身につけるとよいでしょう。創造性や積極性を高め、賢明な解決法を促し、喜びを導いてくれます。

　ロードクロサイトは、あなたにいつでも笑いと温かさと遊び心を忘れないよう促してくれる石です。また非常にセクシーなこの石の助けを借りれば、パートナーとの結びつきを強めたり、自分の性的な衝動に正直になったり、自分のあらゆる感情を受け入れられるようになるでしょう。

　ロードクロサイトにはあなたの感情を解き放ち、正直さを高める性質があります。そのため、必ずしも「道徳にかなった」石とは言えません。たとえば、あなたが休みを犠牲にしてボランティア活動をしようとしても、この石からこんなメッセージを受け取るかもしれません。「そんなに無理してはいけません。もっと自分自身の時間も楽しむようにしなさい！」

この石は、たとえば絵画、彫刻、工芸などの
創作活動や、情熱や真剣さが必要とされる
いかなる活動にも有効です。

## ローズクォーツ

　この石を選んだ人は「真のリラクゼーションとは、親友や家族と親密な時間を過ごすこと、あるいはパートナーとロマンチックな時間を過ごすことだ」と考えているのでしょう。ローズクォーツの力を借りれば、家庭の危機やトラウマとなるような出来事を体験しても冷静さを取り戻し、自分の置かれている状態や相手の人となりを正しく評価できるようになります。またこの石には、美術や音楽に対する反応力を高める力も秘められているのです。

　もしあなたが傷心、憤り、嫉妬などに苦しんでいるなら、ローズクォーツはそれらの否定的な感情を手放し、愛情や温かさを再び感じられるよう導いてくれるでしょう。結果的に、あなたはもう一度豊かな愛情関係を築く準備を整えることができるのです。この石の最もすばらしい点は、自分のよい性質に気づき、自分自身を愛するよう促してくれることにほかなりません。「だからあなたは同じような温かさと愛情を持つ人々と絶対に巡り会えますよ」——この石はそんなメッセージを伝えてくれているのです。

ローズクォーツの導きに従えば、自分が一番ステキに見える洋服や装身具を選ぶことができます。

## スミソナイト

　この石を選んだ人は「私は心身共に衰弱しきっている」と感じているのでしょう。スミソナイトは緊張を手放し、笑顔を取りもどす手助けをしてくれる石なのです。子供との関係に悩んでいる人は、この石の力を借りて、自分自身のインナーチャイルド（内なる子供）に語りかけてみるとよいでしょう。そうすれば、自分のインナーチャイルドがどんなときに傷つき、欲求を募らせてしまうのかよくわかるはずです。その関係を癒してはじめて、あなたは他人とも健全な関係が築けるようになるのです。

　スミソナイトの導きによって、あなたは大局的な視点を養い、人生の問題を片づけることができるでしょう。またこの石はあなたが如才なく、自分の思い通りに交渉を進める手助けもしてくれます。もしあなたがリーダーの役割を担っていてこの石を選んだとすれば、それは「事を円滑に、しかも自分の思い通りに進めたい」という意思の現われにほかなりません。

ベッドの下にスミソナイトを置いておくと、免疫システムを高め、アルコール依存を治すことができます。

## スギライト

　もしあなたが人々を助けたり癒したりする職業なら、スギライトの導きによって職業意識や目的意識を高め続けることができるでしょう。この石はあなたの仕事に対する自信を高め、穏やかさをもたらし、「この宇宙は恵み深く意味のある場所だ」ということを教え、リラックスさせてくれるのです。これは非常にスピリチュアルな石にほかなりません。「自分の内面をとことん追求したい」「もっと自分の体験を深めたい」と願う人に、悟りとインスピレーションを与えてくれるのです。

　この石を選んだ人は「真のリラクゼーションとは自己を啓発し、スピリチュアル面で進化することだ」と考えているのでしょう。トラウマを感じたり気分が落ち込んでしまっても、スギライトの力を借りれば落ち着きや穏やかさ、希望を取り戻すことができるのです。またこの石は、特殊な症状（たとえば自閉症や失読症など）の原因究明の手助けもしてくれます。さらに、この石にはすぐれた鎮痛効果もあります。特に頭痛にはおすすめです。

この石の導きにより、あなたは心を開き、
自分の人生の真の意味を知ることができます。

## ブルートルマリン

　ブルートルマリンは、コミュニケーションに最適の石です。話し言葉に障害（吃音など）がある人をリラックスさせ、スムーズに話せるよう導いてくれます。ちなみに、ガーデニング（または「何かを一から育てること」）を趣味にしている人は、グリーントルマリンを身につけるとよいでしょう。グリーントルマリンは、植物と心を通い合わせる力を高めてくれます。

　もしあなたが周囲の状況を整えようとしているなら、この石が適切な道を示してくれるでしょう。もしその道を選べば、自分の中に溜め込んできたイヤな感情と向かい合わなければいけなくなるか、あるいは、他人が自らのイヤな感情に直面する手助けをしなければいけなくなるかもしれません。でも、そういった感情から解放されてはじめて、人は幸せになることができるのです。ブルートルマリンは、自分自身や他者への思いやりを高めてくれる、愛すべきクリスタルと言えるでしょう。

現実面で言えば、
トルマリンには身体の調子を整え、
様々な活動（執筆からスポーツに至るまで）を
応援する力が秘められています。

# 心を解放する視覚化

私たちは知らず知らずのうちに、様々な形で自分の人生を制限してしまっています。
「もっと大局的な視点に立ちたい」と思ったら、
この視覚化エクササイズを実践してみてください。
あらかじめ、ここで紹介するスクリプトをテープに録音しておくとよいでしょう。

まず座るか横たわるかして、この章の冒頭で紹介した「リラクゼーション・テクニック」を実践してください。そのあと、座っている人はリラクゼーション・クリスタルを両方の手のひらで包み込むように持ちましょう。横たわっている人は、リラクゼーション・クリスタルをみぞおち（または、あなたが「心地よい」と感じる身体の部位）のあたりに置き、両方の手のひらで包み込むように支えてください。そのクリスタルがエネルギーを放射しているイメージを思い浮かべましょう。そうするにつれ、あなたは両手や全身にうずきを感じはじめます。さあ、そのエネルギーがシャボン玉の形になり、あなたの周囲をすっぽりと覆っていくのを感じてください。あなたは無重力状態になり、大気中をぐんぐんと上昇しはじめます。高く、さらに高く舞い上がっていく自分の姿をイメージしてみましょう。

あなたは風に流されていきます。家も町もどんどん遠のき、いつしか広々とした野原が見えてきます。あなたの足元に広がるのは緑の草原、くねくねと蛇行している川の流れ、うっそうとした森林地帯、丘、渓谷、山、そして湖です。さあ、その景色の色や様子をじっくりとよく感じ取ってみてください。

あなたは風の流れに乗り続け、やがて広い海の上にやってきます。足元に広がるのは、青や灰色、エメラルドや紫などに色を変えながら、大きくうねる無数の波です。見渡す限り、そこには海しか見えません。本当に穏やかで深い海です。日がゆっくりと沈んでいき、やがて満月が現れ、水面にその月の姿がくっきりと浮かび上がります。なんと美しい光景でしょう……！ さあ、あなたの身体は不意に軽くなり、さらに上にのぼりはじめます。無数の星々がまたたき、月光が輝き渡る藍色の夜空めがけて、どんどん舞い上がっていくのです。

あなたは地球をあとにし、宇宙空間へと突入します。足元に広がるのは、横に月を従えた、美しいエメラルド色の地球にほかなりません。はるかかなたには巨大な太陽が見え、周囲を覆う闇には無数の星々がクリスタルのように輝いています。さあ、太陽系を自由に漂いましょう。どんなに遠くへ行っても構いません。好きなだけ宇宙探検を楽しんでみてください。宇宙遊泳を終えたら、心の準備を整えてふだんの意識に戻ります。身体を軽く叩いて、グラウンディングを確認したら、専用ノートに今のエクササイズに関する記録をつけておきましょう。

無数の美しい内面の世界が、あなたを待ち受けています。

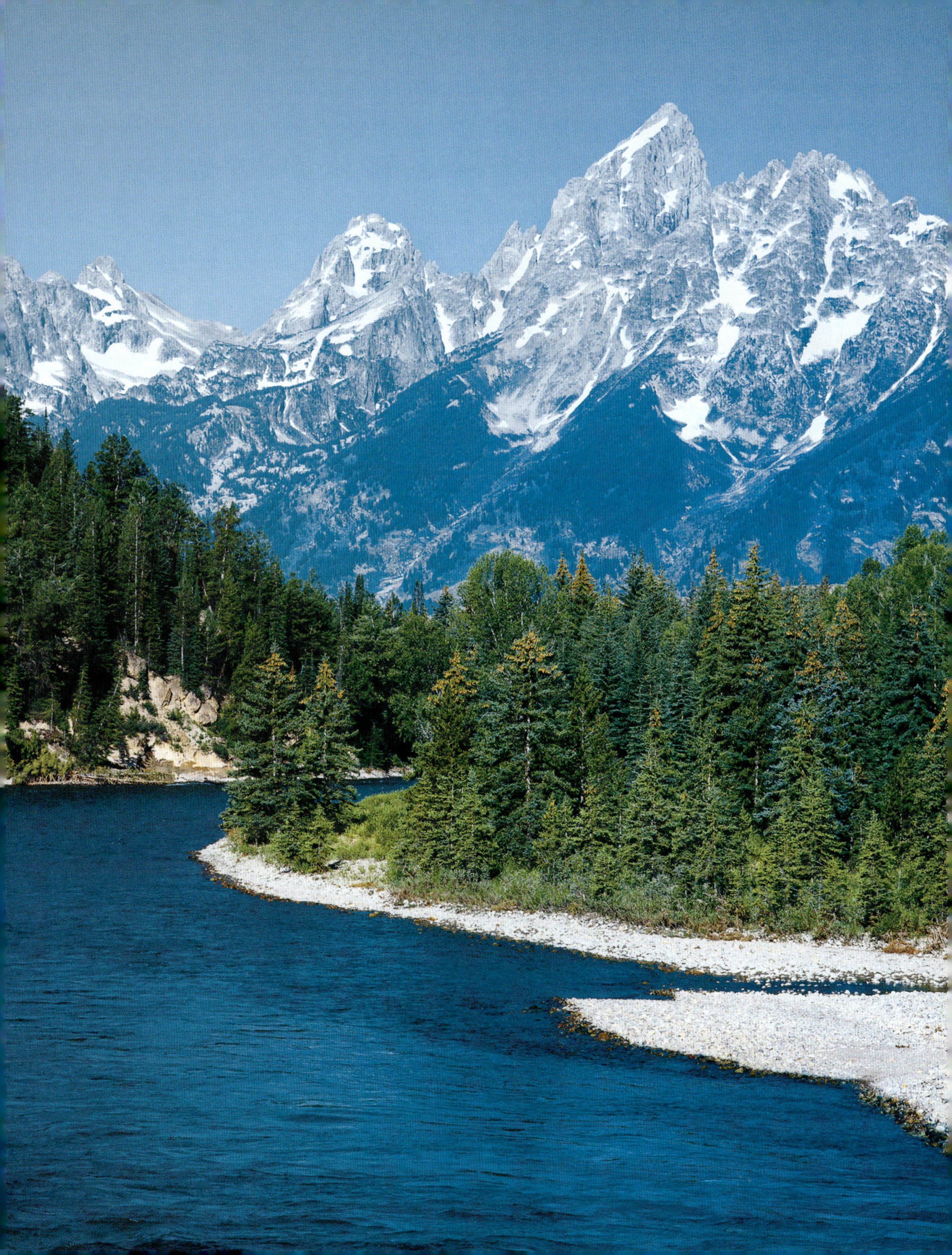

# 凝りのスポットを解消するエクササイズ

リラクゼーション・テクニックを実践していると、
自分の身体の中で最も緊張しやすい部分が自然にわかってくるものです。
ここでは、そんな身体の凝りのスポットを解消し、
最大限のリラックス効果を促すエクササイズを紹介したいと思います。

あなたのリラクゼーション・クリスタルを用意してください。このとき、肌にじかに触れても痛くないように、スムーズな形状のクリスタルを用いるようにしましょう。リラクゼーション・クリスタルを手に持ったまま、静かに座ってください。そしてそのクリスタルが癒しのエネルギーで振動しているところをイメージしてみましょう。

準備ができたら、あなたの身体の中で一番凝っている部分に、そのクリスタルを軽く押しあててください。クリスタルが優しく穏やかなパワーを放射し、あなたの身体のすべての緊張を解きほぐし、穏やかさと静けさを促していく様子を思い描きましょう（もしそのクリスタルと波長の合うパートナーがいれば、その人の助けを借りてこの視覚化エクササイズを行っても構いません）。長くても20分以内にクリスタルを自分の身体から離すようにしてください。エクササイズを終了するたびに、忘れずにクリスタルの浄化を行うようにしましょう。

クリスタルは凝りのスポットを解消してくれます。

# クリスタルの中に入り込むエクササイズ

このエクササイズには、自分のリラクゼーション・クリスタルを「じっと見つめる」という技術が必要になってきます（詳しくは124ページを参照）。できるだけ大きなクリスタル（理想的なのはボール型）を用意すると、エクササイズの効果をよりいっそう実感できるでしょう。

全身をリラックスさせ、あなたのリラクゼーション・クリスタルの中心をじっと見つめます。そのあと遠くを見つめ、全世界がそのクリスタルの中に収められているイメージを思い浮かべてみてください。鮮やかでいきいきとしたイメージを思い描けるなら、目を開けたままでも、目を閉じたままでもどちらでも構いません。

今度は、あなたのクリスタルがどんどん膨らんでいくところを想像してください。それはあなたが考えている以上に大きく膨らんでいきます。実際、あなたの身長をはるかに超えた大きさになっていくのです。さあ、心の視点を通じて大きなクリスタルの正面に立ち、その美しい色合いを楽しんでみてください。クリスタルの中を見つめると、何かの形が見えてきます。じっと見ていると、その形ははっきりとドアの形に変化していきます。そのドアにはノブがついています。さあ、ノブを握ってドアを開け、あなたのクリスタルの中に入ってみてください。

最初は洞窟の中にいるような感じがするかもしれません。あなたのまわり一面が、ごつごつとしたクリスタルの壁で覆われているのです。先のドアの方を振り返りますが、もうドアは跡形もなく消えてしまっています。引き返すことはできません。今のあなたにできるのは、そのクリスタルの奥深くへと進んでいくことなのです。曲がりくねった道を進み、透明なクリスタルのトンネルをくぐり抜けると、そこにぼんやりとした明かりが見えてきます。さあ、クリスタルのスピリット（魂）に、このリラクゼーション追求の旅を導き、助けてくれるようお願いしてください。

するとクリスタルのスピリットが現われ、あなたの手をとって導いてくれます。先に進むにつれ、ぼんやりとした光は明るさを増し、周囲の壁もスムーズになっていく様子です。しばらくすると、目の前に堂々とした通路が見えてきます。その通路にはあなたを温かく迎え入れるような、優しく穏やかな雰囲気が漂っています。まさに大聖堂のような雰囲気です。

その通路の脇には、閉ざされたドアがずらりと並んでいます。そのドアに通じる部屋にはそれぞれ、あなたにとって重要なメッセージが託されているのです。あなたはそのことを本能的に知っています。さあ、あなたのスピリットにどの部屋のドアを開けるべきか訊ねてみてください。そしてそのドアを開け、部屋の様子をくまなく調べてみましょう。どんな細かなことも見逃さないよう、よく注意を払ってください。

すべての部屋の向こう側には、まったく異なる光景が広がっています。たくさんの本がある部屋もあれば、大勢の人々が集っている部屋やゲームでいっぱいの部屋もあります。静かな庭園につながる部屋もあれば、マッサージやセラピーを受けられる部屋もあります。あなたの目の前にはまさに平和で静かで、楽しさと恵みに満ちた世界が広がっているのです。さあ、好きなだけその世界を楽しんでみてください。「もう十分楽しんだ」と思えるまで、いつまでもその場所にいてよいのです。

十分楽しんだら、スピリットに最初のドアまで案内してくれるようお願いしましょう。堂々とした通路を引き返し、クリスタルのトンネルを再びくぐり抜け、ここに入ってきたときに使ったドアのところまで戻ります。そのドアはあなたを現実世界に戻すために、再び姿を現したのです。さあ、スピリットにお礼を言ってさようならを告げたら、現実の世界に戻ってきてください。

この視覚化エクササイズは、あなたがリラックスするために必要な要素を知るためのものです。最初は「意味がよくわからない」「こんなはずはない」と思うようなメッセージを受け取ることもあるかもしれません。たとえば自分では「一人になって穏やかな時間を過ごしたい」と考えているにもかかわらず、このエクササイズ中にドアを開けたら、大勢の楽しげな人々に迎えられた場合などです。もし意味がわからなくても、エクササイズ中はその意味を考えないようにしてください。納得のいかない結果だった場合は納得できるまで、このエクササイズを何度でも繰り返せばよいのです。なお、エクササイズ終了後は自分が目にしたことをすべて、ノートに記録しておくようにしましょう。

# あなたの
# ヒーリングコード

クリスタルは、内面の調和とバランス──すなわち健康──を維持したいときに非常に役立ちます。真の健康とは、ただ単に「病気をなくすこと」ではなく、「人生に対する意欲や喜びを持ち続けること」なのです。ただし、クリスタルは決して専門医の診断の代わりになるものではありません。どうかこのことを肝に銘じておいてください。

現代は、心身のバランスを保つのが非常に難しい時代と言えるでしょう。私たちはストレスだらけの日々を送り、自分の身体の声に耳を傾ける時間的余裕も、身体によい食べ物を摂る心理的余裕も持つことができません。そのうえ、食品の化学物質から家電製品による有害エネルギーまで、ありとあらゆる種類の汚染物質の攻撃にさらされてしまっているのです。*Dis-ease*、つまり「心身面での安楽さ・バランスが失われた状態」こそ、いわゆる病気（*disease*）の根本原因にほかなりません。だからこそ身体だけでなく、魂も癒してあげる必要があるのです。それなのに、私たちは慌ただしい生活に追い立てられ、「自分の魂の神髄」から自分自身を切り離してしまっています。「何かが足りない」となんとなくわかっているのに、それが何であるかハッキリと断定できずにいるのです。

　クリスタルは、その種のバランスを正す助けをしてくれます。たとえ健康状態が良好な人でも、クリスタルの特別な癒しの力を借りれば、真の意味でのエネルギーを蓄えることができるのです。ヒーリング・クリスタルは、風邪などの体調不良を感じたときはもちろん、疲労感を覚えたときも、気力が低下したときも、対人関係のストレスを忘れたいときにも役立ちます。また他人を癒す場合、このクリスタルの助けを借りれば、エネルギーをスムーズに送り込むこともできるのです。

# ヒーリング・クリスタルの選び方

ヒーリング・クリスタルを選ぶときに大切なのは、まず自分の身体面・精神面・スピリチュアル面での健康状態をじっくりと考えることです。どんなクリスタルにも癒しのパワーが秘められていますが、ここで紹介するメソッドを用いれば、よりあなたに合った特質をもつ石を選ぶことができるでしょう。

## 瞑想メソッド

基本的に、このメソッドは健康状態が良好な人向けのものです。身体面に関する不調や悩みがない人、「とにかく癒しの気分を味わいたい」と考えている人は、このメソッドを実践してみてください。緑色か青色の布を正面に敷き、その上に全種類のクリスタルを並べます。布と同じ色のろうそくに火をつけ、ラベンダーのエッセンシャルオイルを炊き(または薄めたものをこめかみに少量つけ)、全身をリラックスさせてください。

膝の上で両方の手のひらを器の形に広げ、すべてのクリスタルをのせます。意識を自分の身体に集中させ、深いリラックス状態に入りましょう。次に、あなたが健康でいきいきとしていて最高の状態だったときのことを思い出してみてください。今そういう状態にある人は、その状態をもっと強く意識するようにしましょう。その最高の状態のエネルギーがあなたのみぞおちに集まってきます。そしてそこからどんどん広がり、やがてあなたの全身がまばゆく輝きはじめるのです。しばらくその感覚に身をまかせ、思う存分楽しんでみてください。さあ、あなたの手の中のクリスタルの一つが、その感覚をさらに高めて拡大していきます。そのクリスタルはどれだと思いますか?

### 必要なもの
- 12種類のタンブルクリスタル(アパッチティアー、アンバー、ブルーカルサイト、クリソプレーズ、ブラックトルマリン、パープルフローライト、マラカイト、ムーンストーン、レッドサードオニキス、ターコイズ、スモーキークォーツ、ロードナイト) ●緑色か青色のろうそく ●緑色か青色の布 ●ラベンダーのエッセンシャルオイル

## 癒しの瞑想メソッド

これは先のメソッドの応用編です。ヒーリング・クリスタルを主に他人を癒す目的で使いたい人は、このメソッドを実践するようにしてください。先のメソッドと同じやり方でセッティングを済ませたら、あなたのみぞおちが金色に輝きはじめ、その光が全身に広まっていくところをイメージしましょう。このメソッドの目的は、そのエネルギーを他の人々や動植物に集中させることにあります。このことをよく意識するようにしてください。

より高次の存在(または守護霊)に導きをお願いしましょう。そしてその金色のエネルギーが自分に対する「贈り物」であり、他人にも手渡せるものであるとイメージしてください。さあ、あなたの手の中のクリスタルの一つが、その贈り物を強く引き寄せています。あなたの心の目から見て、そのクリスタルはどれだと思いますか?

## 色の視覚化メソッド

これは「癒したい」と思う症状がある人向けのメソッドです。この方法は、実物のクリスタルがなくても実践可能なため、本書のクリスタルの写真を活用するとよいでしょう。まず、身体の中で症状を感じる部分にあなたの意識を集中させます。次に、その症状を和らげるのに最適な「色」を視覚化してみてください。もしあなたが痛みを感じているなら、その痛みを一番緩和してくれそうなのはどの色だと思いますか？　その色と同じ色の石こそ、あなたのヒーリング・クリスタルにほかなりません（ちなみに、青や緑には痛みやかゆみを鎮める効果が、赤やオレンジには活性化を促す効果が、また黒にはいぼやこぶを消し去る効果があると考えられています）。このメソッドは、精神的な傷にも応用可能です。静かに座り、深呼吸をし、その精神的な傷を和らげるのに最適な「色」を視覚化してみてください（たとえば気分の落ち込みや失望感などを癒したいときは、オレンジや黄色のイメージが思い浮かぶはずです）。さあ、その色と同じなのは、どの石でしょうか？

身体的な症状と精神的な傷を両方抱えている場合、しばらく時間をあけてからセッションを行い、それぞれのクリスタルを選ぶようにしてください。

# ヒーリング・クリスタルの意味

### アパッチティアー

　これはブラックオブシディアンの一種ですが、その効果はより穏やかです。この石には奥深い感情を引き出し、否定的な感情を前向きなものに置き換える力があります。アパッチティアーを選んだ人は、古い傷や過去の憤りにとらわれているのでしょう。そのせいで身体に「毒素」が溜まり、意欲のなさや倦怠感を感じてしまっているのです。

　この石の助けを借りれば、自分の心の奥深くにどんな感情がひそんでいるのか理解し、その感情に光を当て、必要なら思いきり嘆き悲しんだり怒ったりすることができます。結果的にその悪感情を手放し、前進できるようになるのです。また抑圧された状態から解放されるため、自分に対する自信を取り戻すこともできます。この石の癒しにより、あなたは特に自分自身に対する理解と許しを深め、元気を回復することができるのです。

アパッチティアーには筋肉の緊張をほぐす、身体を浄める、ビタミンの吸収を促進する、という効果もあります。

### アンバー

　厳密に言うと、アンバーは樹木の樹脂が固定化・化石化したもので、クリスタルとは別物です。でもクリスタル同様、大地と強い結びつきがあることに変わりはありません。アンバーを選んだ人は気分の落ち込みを感じ、楽観的な考え方を強く求めているのでしょう。うつは身体的なエネルギーを根こそぎ奪ってしまうものです。でもこの石の助けを借りれば、温かく明るいエネルギーを吸収し、人生に対する情熱と意欲を取り戻すことができるのです。

　アンバーは創造性を高め、心を澄んだ状態にしてくれるため、あなたが現実的な視点を確立し、自らの望みを達成する手助けをしてくれます。また身体的なストレスを軽減する力もあるため、より大局的な視点やバランスのとれた明るい気分も促してくれるでしょう。アンバーは関節や喉、消化器官の治療に役立ちます。また肝臓、腎臓、膀胱の機能を高め、身体の浄化システムも活性化してくれるのです。

アンバーはあなたの身体から病気を撃退し、大地のエネルギーによる癒しを促進してくれます。

## ブルーカルサイト

　ブルーカルサイトは平和と信頼を象徴する石です。感情および神経システムの癒しに特にすぐれた効果を発揮します。ブルーカルサイトを選んだ人は、長いことストレスやトラウマに苦しみ、心の平穏と休養を必要としているのでしょう。この石の力を借りれば不安を和らげ、自分がどんな感情を感じているのか、その理由はなぜかをハッキリと見きわめられるようになります。また他人を癒す場合、この石の力を借りれば、相手の心に調和と落ち着きをもたらすためには何が必要か、適切なアドバイスができるようになります。

　ブルーカルサイトは、いかなる精神活動にも有効な石です。創造性発揮を阻む要因を取り除き、障害を克服するための力と意欲を与えてくれます。また骨と肌にすぐれた効果を持つうえ、免疫システムを活性化し、あらゆるレベルの痛みや不快感を和らげてくれるのです。

ブルーカルサイトには血圧を下げる力もあります。また人生を信じる気持ちを高めてくれるため、結果的に宇宙の癒しのエネルギーを引き寄せることもできるのです。

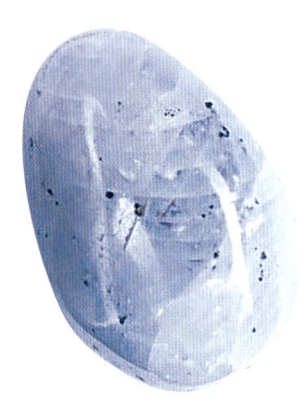

## クリソプレーズ

　この緑の愛らしい石は、リラクゼーションの大きな助けとなります。クリソプレーズを選んだ人は「私は働き過ぎだ。人生の方向を誤っているような気がする」と感じているのでしょう。この石は、あなたを本当に意味ある人生に再び直結させ、この世の美しさを再認識させてくれます。さらに自分の理想や美徳を思い出し、自己中心的な考え方や他人に対する判断を手放し、自分自身や他人を受け入れて愛せるようになるのです。このように、これは新たな選択肢を示すと同時に、リラックス感を高めてくれる石にほかなりません。結果的に、あなたはチャンスを見きわめて心を開けるようになるのです。

　さらにこの石には、安眠効果を促す、悪夢を追い払う、恐怖症を和らげるなどの効果もあります。またもしあなたが妊娠を望んでいるなら、この石の力を借りるとよいでしょう。クリソプレーズには受胎能力を高め、生殖器の健康を自然に促し、満足感を与える効果もあるのです。

クリソプレーズにはホルモンのバランスをとり、身体の毒素排出を促す力もあります。

## ブラックトルマリン

　これは力と防御を象徴する石です。ブラックトルマリンを選んだ人は、何らかの危機にさらされているか、あるいは、幾多の試練の中で何らかの成果を出そうともがいているのでしょう。この石の力を借りれば、精神的な攻撃をはねつけ、身体的なエネルギーを高め、望ましい成果を手にすることができます。とりわけこの石がすばらしいのは、冷静さを促してくれる点です。結果的に、あなたのバランス感覚は研ぎすまされ、どんな問題にも対処できるようになるのです。

　またこの石には、パソコンから携帯電話まで様々な電磁エネルギーに対する防御作用があります。これはブラックトルマリンの最大の特徴にほかなりません。このため、この石は首回りにつけると大きな効果をもたらします。

ブラックトルマリンは、身体からネガティブな
エネルギーを取り去ってくれます。
また右脳・左脳のバランスをとる、
関節炎を和らげる、脊柱を再調整するといった
効果もあるのです。

## パープルフローライト

　パープルフローライトは非常にスピリチュアルな石で、心霊コミュニケーション能力を高めてくれます。この石を選んだ人は「他人にはわからない微妙なレベルで、誰かに操作されたり妨害されているような気がする。より高次な意識と交信して、我が身を守らなければならない」と感じているのでしょう。その一方で、自分の心や現状を整理して考えたいときや、自分の習慣や潜在意識下の願望を見きわめたいとき（そして必要があればそれらを変えたいとき）にもこの石が大きな力になってくれます。

　パープルフローライトの助けを借りれば、自分の直感にアクセスし、一般常識を保ったまま心霊能力を高めることができます。またこの石には、瞑想中に自分自身を癒す効果もあるのです。

フローライトは炎症、風邪、
神経痛にもすぐれた効果を発揮します。
また、特にセックスに幻滅してしまった人の
性的欲求を回復させる力もあるのです。

## マラカイト

　この石は強い力を持っているため、取り扱いには注意が必要です。マラカイトを選んだ人は、まず時間をかけて自分の本能の声に耳を傾けるようにしてください。「この石が自分の役に立つ」という確信が持てるまで、マラカイトの力を借りるのは極力避けなければなりません。この石には、否定性や消極性を取り除く力が秘められています。マラカイトを選んだ人は「自分にとって不愉快な要素や有害な要素を取り除き、自分自身を浄化したい。そしてまったく新たな場所に前進するための勇気が欲しい」と心から望んでいるのでしょう。この石の影響を受けた人は皆、自分自身や他人に関する感情をごまかせなくなります。その結果、イヤな相手との関係をことごとく断つようになるのです。

　その反面、これは共感を高める石でもあります。マラカイトにはあらゆる性的な問題（幼児期のトラウマを含む）を癒したり、女性の身体問題（月経痛や不妊など）を治療する力が秘められているのです。

腫瘍、毒素排出、乗り物酔いにも
マラカイトが有用です。

## ムーンストーン

　この石には明晰夢を促し、潜在意識の言葉を聞き取らせる力があります。そうして奥深い意識レベルの自分自身を知ることで、人は新たなスタートを切ることができるのです。ムーンストーンを選んだ人は「私は本当の自分自身と切り離されてしまっている。自分の中から聞こえる『かすかな声』と連絡をとることができずにいる」と感じているのでしょう。

　ムーンストーンは身体にバランスをもたらし、本能と知性を一致させてくれます。また非常に女性的な石であるため、女性が自分の中にいる女神と接触する力や、男性が自らの女性性と接触する力も高めてくれます。この石の力を借りれば、「流れに身を任せる」勇気を出したり、不安定な感情を見きわめて癒せるようになるでしょう。さらに、この石には消化器系のはたらきを助けたり、ホルモンのバランスをとったりする力もあるのです。

ムーンストーンは、ショックやADHD
（注意欠陥過多動性障害）などの障害にも
有用です。また特に女性の生殖システムに
強力にはたらきかけます。

## レッドサードオニキス

　レッドサードオニキスは、豊かなエネルギーを象徴する石です。人生のあらゆる分野に刺激と励みをもたらします。この石を選んだ人は「気力を充実させて、新たな人生の戦いに挑みたい」「決まりきったパターンを脱却し、大切な願望を達成したい」「自分の意思力を強くしたい」と考えているのでしょう。レッドサードオニキスは、あなたの意欲や元気を高めたり、自制心を鍛えたり、スタミナを強化する手助けをしてくれます。

　これは意思や決定にまつわるクリスタルです。この石により、あなたは前向きな態度をとって幸運を引き寄せたり、自分に正直になって自分自身を守ることができるでしょう。また、この石にはぴったりのパートナーを引き寄せて喜びを高めたり、五感を高める力もあるのです。

レッドサードオニキスには、
体液と細胞の代謝を刺激したり、
肺と免疫システムを強化したりする
はたらきもあります。

## トルコ石

　華やかなトルコ石こそ、人生の美しさを最もシンプルな形で伝えるクリスタルにほかなりません。そう、この石は「そんな美しい人生の恩恵を迷わず受け取りなさい」というメッセージをあなたに送ってくれているのです。トルコ石を選んだ人は自己憐憫に浸り込み、自分で自分を妨害してしまっているのでしょう。この石は、冷静さや前向きな意欲を促してくれます。結果的に、あなたは自分に喜びをもたらすものや、自らの創造性を解放してくれるものを見きわめられるようになるのです。

　トルコ石には、パニック発作や人前でのスピーチに対する怖れを軽減したり、環境汚染を防いだり、外的な要因による極度の疲労や消耗を癒す力があります。また内面の平静さをもたらすため、すてきな恋愛関係や楽しい時間を呼び寄せてもくれるのです。さらに、この石は人生に笑いをもたらしてくれるため、免疫システム強化にもつながります。

健康面で言えば、トルコ石は炎症を和らげたり、
栄養物の吸収を助けたり、
ウィルス感染を防いだりしてくれます。

## スモーキークォーツ

　これは、大地との強力なつながりを持つ石です。そのためエネルギーのグラウンディングやバランス安定にすぐれた効果を発揮します。なお、この石を用いる場合、それが（人工的ではなく）自然にコーティングされたものかどうか確かめることが大切です。スモーキークォーツを選んだ人は、困難な状態からなかなか抜け出せず「私を助けてくれるような、確実なエネルギーの流れが必要だ」と感じているのでしょう。この石は、そんなあなたの怖れを和らげてくれます。その結果、あなたは日々の出来事をありのままに受けとめ、何気ない日常に喜びと安らぎを見いだせるようになるのです。

　この石は、あなたの集中力と現実的な考え方を高め、夢の実現を応援してくれます。また健康面で言えば、体力レベルを上げる、頭痛を和らげる、身体を刺激・強化する、身体のミネラル吸収を促進する、といった効果もあるのです。

スモーキークォーツは生殖器、筋肉、神経、心臓にすぐれた効果を発揮します。

## ロードナイト

　ロードナイトは温かさと調和を象徴する石です。この石は、私たちに「愛こそすべてを癒す最大のパワーである」というメッセージを送ってくれているのです。ロードナイトを選んだ人は冷淡さ（自分自身か、または他人の冷たさ）に苦しみ、「もっと相手に心を開いて与えられるようになりたい。前向きな姿勢で人と触れ合いたい」と考えているのでしょう。

　ロードナイトはあなたを癒しに直結させ、コミュニケーション能力を高めてくれます。また自らの罪悪感を拭うよう促し、見返りを期待せずに与える態度を導いてくれるのです。さらに、この石は、虐待などの人間関係における破滅的なパターンを癒してくれます。それまでの否定的な感情を和らげ、自分の言動に責任をとり、真の意味で相手を許すよう促してくれるのです。とりわけすばらしいのは、この石が健全な自己愛を高め、真の意味で他人を愛せるよう導いてくれる点にほかなりません。トラウマや極端な感情状態を癒したいなら、ロードナイトが大きな力になってくれるでしょう。

ロードナイトは、まさに癒しの王道をいく石です。傷や虫さされも和らげ、受胎能力も高めてくれます。

## 魂を癒す瞑想

トラウマ、虐待、過去生などのせいで、
私たちの魂が幼少期に大きく傷つけられてしまうことがあります。
そういった傷は魂の成長を邪魔し、
「世界と良好な関係を築く」という当然の権利まで奪ってしまうのです。
魂の癒しはそう簡単にできることではありません。
でもヒーリング・クリスタルの助けを借りれば、その第一歩を踏み出すことができるのです。

誰にも邪魔されることがなく、「ここなら安全だ」と思える環境を整えてください。あなたの体を緑色（または、あなたが適切だと思う色）のショールで包み込み、横になり、あなたのヒーリング・クリスタルを心臓の上にのせます。

十分にリラックスし、トラウマとなった出来事が起きた時点までさかのぼってみましょう。といっても、そのときのイメージを鮮明に思い出す必要はありません。どうか安心してください。ただ「傷つけられた幼い子供」としての自分自身の姿をイメージするだけでよいのです。もし直感的に「私の魂の傷には過去生が関係している」と感じるなら、「当時傷つけられた大人」としての自分の姿を思い浮かべてみてください。イメージを思い浮かべることができたら、その人物に向かって愛と思いやりを送ってあげましょう。あなたのヒーリング・クリスタルがどんどん大きくなり、その傷ついた人物の全身を包み込んでいく様子をイメージしてください。その人物が、キラキラと輝く大きなカプセルの中に入ったような状態です。愛と平和で満たされたカプセルの中で、その人物の傷がどんどん癒されていきます。その人物が次第に一体感と幸せを感じていく様子をじっくりと見つめてください。

「完全に魂の傷を癒すことができた」と満足するまでには、このエクササイズを何度もくり返さなければいけないかもしれません。セッションが終わるたびにヒーリング・クリスタルに感謝の念を捧げ、浄化し、ミネラルウォーターを飲むよう心がけてください。セッション中に起きたことはすべて、専用ノートに記録しておくようにしましょう。

クリスタルの癒しの力は、通常の意識の壁を超越します。

# 他人を癒す儀式

自らの癒しのエネルギーを、他の人々に送り込む──
私たちの誰もがそのような能力を持っていると言っても過言ではありません。
とはいえ、癒しとは、癒される側の同意と協力を得てはじめて成立する行為です。
それ以外は「相手の境界線を侵害する行為」か、
あるいは「自分勝手な振る舞い」になってしまう、ということを忘れないでください。

他人を癒すときは、自分のヒーリング・クリスタルの他に、透明なクォーツワンド(天然のものか人工的に成形されたもの)を用意するようにしましょう。それが無理なら、自分の指を使ってエネルギーを方向づけるようにしても構いません。他人の癒しを行うときは必ず、より高次の力(またはあなたが信じているパワー)に導きをお願いするようにしましょう。あなたは自分自身のエゴの領域からではなく、宇宙からエネルギーを導いているのです。そのことをしっかりと意識しなければいけません。

相手と向き合い、ヒーリング・クリスタルを利き手ではない方の手で持ち、その手を自分のおなかの近くにもってきます。自分自身の内側からエネルギーを引き寄せるのだ、ということをよく意識しましょう。さあ、あなたの両足から大地のエネルギーがせり上がり、みぞおちに集まっていく様子をよく感じてください。今度は上から降りてきたまぶしい光が、あなたの頭を通じて体内に入り込み、大地のエネルギーと混ざり合っていく様子を感じとってください。あなたのクリスタルはこのエネルギーをどんどん増幅し、やがてそのエネルギーは金色の輝きに姿を変えていきます。その様子をしっかりと感じとりましょう。

利き手でクォーツワンドを持ち、金色のエネルギーをあなたの腕からワンドに移します。相手の癒したい部分にワンドを向け、ワンドからまぶしい光の流れが溢れ出し、すべての痛みを癒していくところをイメージしてください。セッションが終わったら、金色のエネルギーを意識的にシャットダウンし、何か飲んだり食べたりし、ヒーリング・クリスタルとワンドを浄化しましょう。セッション中に体験したことを、専用ノートに記録するようにしてください。

自分のクリスタルで他人を癒すことは、
心が強く触れ合う体験にほかなりません。

可愛い子供は、人生の大いなる恵みの一つです。

# 受胎能力を高める儀式

もし子供を望んでいるなら、ヒーリング・クリスタルの助けを借りるとよいでしょう。
このクリスタルには受胎能力を高める効果もあるのです。
ここでは、あなたの潜在意識を通じて身体にかすかな影響を及ぼすための、
シンプルな儀式を紹介しましょう。

**必要なもの**
- あなたのヒーリング・クリスタル（タンブル加工されたもの）
- エッグカップ（ゆで卵立て）
- 白い色のろうそく
- ユリの花（できれば植木鉢に植えられたもの）
- 小さな白い布
- ジャスミンのエッセンシャルオイル
- 小さなブラシ

可能であれば、ユリの花を一晩、月明かりの下に置いておきます。翌日の夕方になったら、エッグカップにヒーリング・クリスタルを入れ、その石に花粉がかかるようにユリの花を軽く叩いてみてください（ユリの花粉はシミになるので要注意です）。

ジャスミンのオイルを炊き（もしユリの匂いが強いようならこれは必要ありません）、ろうそくに火をつけます。ろうそくの前にエッグカップを置き、自分が妊娠し、おなかがどんどん大きくなっていく様子をイメージしてみましょう。あなたのおなかの中で、赤ちゃんがすくすくと育っているところを想像してみるのです。好きなだけそのイメージを楽しんでみてください。赤ちゃんのイメージを様々に膨らませてみましょう。

エッグカップを白い布で覆い、あなたのベッドの下に置いておいてください。このエクササイズは月に一度実施するようにしましょう。セッションが終わったら流水でクリスタルを浄化し、エッグカップを洗い、ユリの花をさらに買い求めるようにしてください。ユリの花が手に入らない場合、花粉がたくさんついている花ならどんな種類のものでも代用可能です。ただし、白い色のものを選ぶようにしましょう。なお、白いろうそくは、必要があればいつでも火をともして構いません。

# 身体を癒す視覚化

ヒーリング・クリスタルは、どんな身体的な問題も癒す手助けをしてくれます。
一番簡単なのは、クリスタルを直接肌に当てるやり方です。もし痛みを感じる身体部位があれば、
できるだけ痛みに近い部分にクリスタルを当てるようにしてみましょう。
そのクリスタルの色が痛みの部分に浸透し、
不快感を取り去ってくれるところを視覚化するのです。
そのイメージを心の中に抱き続けていれば、大きな安心感が促されるでしょう。

もう一つ、クリスタルのスピリット（魂）の力を借りた、繊細な癒しのメソッドを紹介しましょう。このメソッドはあいまいな痛みや一般的な身体の問題、あるいは身体内部の問題（たとえば疲労感、うつ、糖尿病、高血圧、減量など）に用いるようにしてください。ただし、クリスタルは医療の代わりになるものではありません。もし深刻な症状で悩んでいる場合は、すぐに専門医に相談することをおすすめします。

ヒーリング・クリスタルを手元に置き、横たわって全身の力を抜いてください。クリスタルの中からスピリットが現われ、人間の大きさになり、あなたの横に立っているところをイメージしてみましょう。そのスピリットは、あなたを助けたがっています。さあ、あなたの痛みを癒すためのアドバイスをスピリットに求めてみましょう。あなたは心の中で、その答えを「聞き取る」ことができるはずです。セッションの最後には、忘れずにスピリットにお礼を言い、さようならを言うようにしてください。

他にも、ヒーリング・クリスタルを1時間ほど純粋なミネラルウォーターに浸しておくやり方もあります。こうすれば、水にクリスタルのエネルギーをしみ込ませることができるのです。そうやって活性化された水を、痛みを感じる身体部位に軽く押し当てるようにしてもよいでしょう。

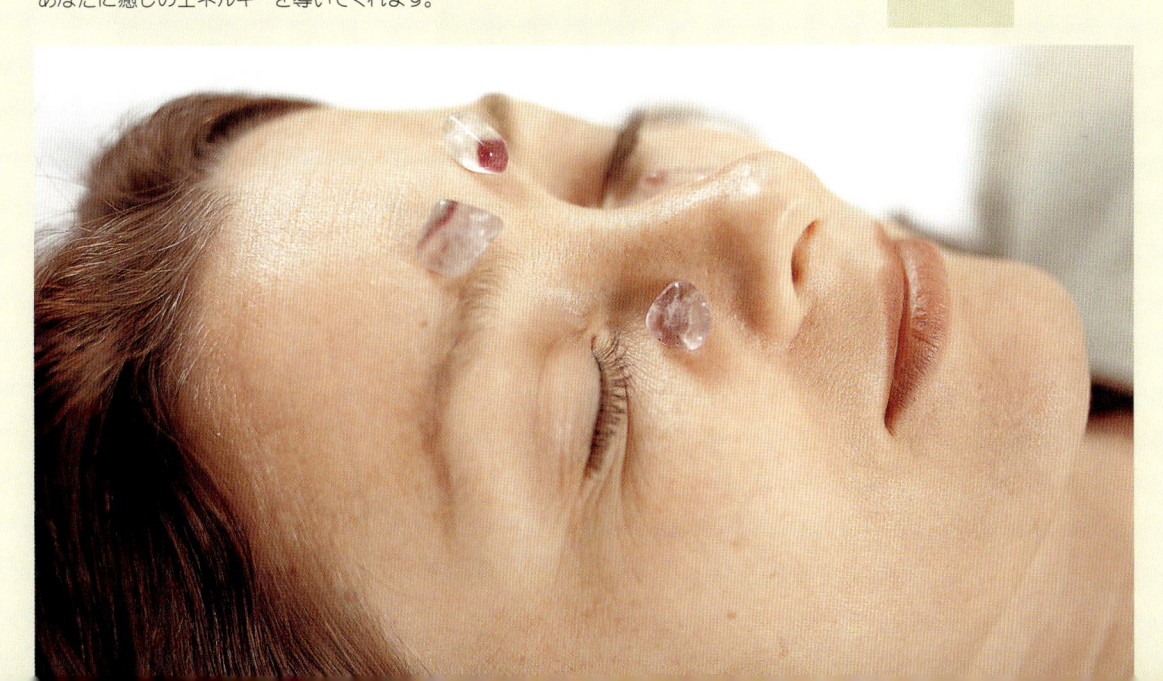

ヒーリング・クリスタルのスピリットが、
あなたに癒しのエネルギーを導いてくれます。

# あなたの
# 愛情コード

「欲しいもの」を訊かれたら、ほとんどの人がまず「愛」と答えるでしょう。
人は皆、「誰かに必要とされたい」
「心のぬくもりや親密感を常に感じていたい」と考えるものなのです。
ところが幼少期の環境や経験、怖れや恥ずかしさ、高すぎる理想など
様々な要因から、私たちはなかなか真の愛を手にすることができずにいるのです。

現代は、パートナーを自由に選べるすばらしい時代です。「この人はいい」「あの人はダメ」などと、自分の好み次第でパートナーを決めることができます。とはいえ、せっかく選んだ相手に失望させられることもあるでしょう。そう、自由には責任が伴うものなのです。また現実と理想の折り合いをつけるのは非常に難しいことなのです。

　ラブ・クリスタルは、あなたを真の愛に導いてくれるクリスタルです。この石の力を借りれば、恋愛の重要な問題に対処し、あなたと「自分の理想の愛」の間を隔てている障害物を一掃することができます。しかも、この石はあなたが二つの最も大きな障害を克服する手助けもしてくれるのです。一つは「自分自身を愛せない」という障害です。よい恋愛をするためには、自分を愛さなければなりません。自尊心や自意識を高めることができてはじめて、あなたは本当に好きな人に適切な「振動」を送り、その相手を引きつけられるようになるのです。また、もう一つは「他人を愛せない」という障害です。よい恋愛をするためには、自分の心を開かなければなりません。相手に真の共感を覚え、自分自身を与えることができてはじめて、あなたはその人のパートナーになることができるのです。ラブ・クリスタルの力を借りれば、あなたは何が起きるかわからない恋愛ゲームにおいて、常に自分が有利になるようサイコロを振り、真の愛情と満足を手にすることができるでしょう。

# ラブ・クリスタルの選び方

クリスタルの多くは、何らかの方法で「愛」に結びついています。
この章で紹介するのは、その中でも特に愛との結びつきが強い石ばかりです。
なかにはダイヤモンドのように非常に高価なものもあるため、
必ずしもすべての石を買い揃える必要はありません。
たとえばこの中の数点を、友だちに頼んで貸してもらうようにするとよいでしょう。
自分のラブ・クリスタルがわかった時点で、その石を購入すればよいのです。

**必要なもの**
- 12種類のラブ・クリスタル(ローズクォーツ、アンバー、アメジスト、ブラウンアゲート、ラピスラズリ、ルビー、サファイア、ダイヤモンド、エメラルド、エンジェライト、ゴールドカルサイト、ヘマタイト) ●バラ色またはピンク色の布 ●バラ色またはピンク色のろうそく
- バラの花びら(ピンク色または赤色)

### 瞑想メソッド

これは、どんな人でも実践可能なごく一般的なメソッドです。特に、過去の恋愛にまつわるイヤな記憶を思い出したくない人は、このメソッドを試してみるとよいでしょう。

バラ色またはピンク色の布の上に全種類のクリスタルを並べ、同じ色のろうそくに火をともしてください。クリスタルのそばに、ピンク色か赤色のバラの花びらを散らします。クリスタルの正面に座ってリラックスし、穏やかな気分になりましょう。もし思い出したくない記憶がよみがえったら、心を高揚させるようなイメージを思い浮かべるようにしてください。無理に「人間の愛」にまつわるイメージを思い描く必要はありません。たとえば美しい木や花などの姿を思い浮かべるとよいでしょう。前向きな気持ちになり、自分自身に対して優しくなれるまで、全身の力を抜いてリラックスするよう心がけてください。あなたは胸のあたりに、温かな感じと心が開かれていく感じを感じ始めます。その感じはどんどん拡大し、大きく広がり、やがて喜びと愛に満ちた一つの世界となっていきます。そう、あなたの周囲にはすばらしい世界が広がっているのです。そのことをしっかりと意識してください……。準備ができたら、目の前のクリスタルに意識を戻してみてください。あなたの心の目を通じて、そのすばらしい世界に「一番ぴったりだ」と思えるのはどのクリスタルですか?

この儀式を終了するときは、自分の感覚を閉じることが大切です。美しい花が固いつぼみに戻るように、あなたの心が閉じていく様子をイメージしてみてください。そのあと何か飲むか食べるし、身体を軽く叩いて本当に自分の意識が「戻った」かどうか確認しましょう。

この儀式には、あなた自身を開く段階が含まれています。そうすることで、あなたは自分のラブ・クリスタルからの励ましを感じ、そのクリスタルへの信頼を築くことができるのです。だからこそ、このセッションを終わるときには意識的に心を閉じるよう注意しなければなりません。

## バラの視覚化メソッド

　全種類のクリスタルを持っている人は、それらをバラ色またはピンク色の布の上に並べてください。ダイヤモンドは透明なクォーツで代用しても構いません（ただし、ダイヤモンドをラブ・クリスタルに選んだ場合は本物を購入する必要があります）。布と同じ色のろうそくに火をともしたあと、クリスタルのそばに、ピンク色か赤色のバラの花びらを散らしましょう。なお、クリスタルを持っていない人は同じ色のガラス玉か、石の名前を書き込んだ12種類の色紙（石と同じ色の紙）で代用しても構いません。とはいえ、愛は非常に強い感情であるため、代用品を使うと、ラブ・クリスタルを正確に選べない危険性もあります。このことをよく肝に銘じておいてください。

　軽く目を閉じてリラックスし、心を解放してあげましょう。さあ、あなたが「本当に愛されている」「大事にされている」、あるいは「私は愛されるに値する人間だ」と感じたときのことを思い出してみてください。もしくは、あなたが誰かを本当に心から好きになったときのことを思い出してもよいでしょう。その気持ちにぴったり合うのはどの石でしょうか？　目を開けると、そのクリスタルはひときわ輝いて見えるか、あるいはあなたの心を引きつけて離さないはずです。

　このメソッドの難点は、別れたパートナーからもらった指輪や記念の品などのイメージが思い浮かんでしまう点です。もしうまくいかないようなら、最初に紹介したメソッドを試すことをおすすめします。

# ラブ・クリスタルの意味

## ローズクォーツ

　ローズクォーツは、クリスタルの中でもとりわけ愛を象徴する石で、平和、受け入れ、癒し、愛情をもたらします。ローズクォーツを選んだ人は、失恋などを経験して「心を癒したい」と感じているのでしょう。あるいは「もう一度、愛を信じられるようになりたい」と考えているのかもしれません。この石の力を借りれば、あなたは自分自身を許し、自分を愛から遠ざけてしまっている古いパターンを解消することができます。言い換えれば、これまで抑圧してきた感情を解放し、前に進めるようになるのです。

　一方で、「自分の中に溢れている愛を他人に与えたい」と考えている人もまた、この石を選ぶ可能性があります。ローズクォーツは、愛を引き寄せる強力な石にほかなりません。ただ携帯するよりも、身につけた方がより多くの注目を集めることができるでしょう。

ローズクォーツは、他人に共感する能力、また他人から理解を得る能力も高めてくれます。

## アンバー

　厳密に言うと「クリスタル」ではありませんが、アンバーには大地のいきいきとした生命力が秘められています。この石を選んだ人は「恋愛に対する不信感を拭いたい。もう一度恋愛に対して前向きになり、相手のよいところを見つめられるようになりたい」と感じているのでしょう。アンバーはあなたの一番よいところを引き出し、心の温かさや反応のよさを高めてくれます。これは太古の昔から、美しさと性的魅力を高め、孤独感を一掃する石として用いられてきた石なのです。

　アンバーには受胎能力やセックス・テクニックを高める効果もあります。また自然界のパワーと強く結びついているため、性的な喜びや自由奔放さを高める力もあるのです。心臓の近くに身につけるようにすると、異性を引きつける力がアップします。

アンバーはあらゆる種類の幸福感——特に、人間関係における幸福感——をもたらしてくれます。

## アメジスト

　これは非常にスピリチュアルで穏やかな石です。一般常識を超えない範囲で、より高次の世界とのつながりを促してくれます。アメジストを選んだ人は「もっと深いレベルの存在と交信したい。そうすることで高揚感や霊感を感じたい」と考えているのでしょう。おそらく、あなたは「前の恋愛はあまりに現実的すぎた」と考えているのかもしれません。あるいは「私はあまり外出もせず、スピリチュアルなことばかり考えているけれど、それは『性的欲求がない』からではない。むしろ『この体を使って、スピリットと交信したい』と考えているからだ」と感じているのかもしれません。

　これは、自己破壊的な感情や依存症のパターンを静めてくれる石です。アメジストの手助けで、あなたは自己欺瞞に陥ることなく「もう一つの現実がある」という事実に気づくことができます。またこれは無条件の愛を高め、心霊力を目ざめさせる石でもあります。その結果、あなたは他人の気持ちが「わかる」ようになるのです。

**伝統的に、アメジストは結婚記念日の
メモリアルリングとして交わされています。**

## ブラウンアゲート

　アゲートには安定性や力強さをもたらし、内面のバランスを促す効果があります。この石を選んだ人は「自分自身、特に自分の気持ちにもっと正直になりたい」と考えているのでしょう。積年の恨みや嫉妬などの否定的な感情を手放せずにいるせいで、あなたは本当の愛を引き寄せることができずにいます。それは、周囲の人たちが、そんなあなたの状態を本能的に感じとってしまっているからにほかなりません。

　アゲートの癒しの力を借りれば、あなたは安心感を募らせてリラックスし、ありのままの自分自身を受け入れられるようになります。結果的に、他人からの愛も素直に受け入れられるようになるのです。なお、分別があり思慮深い人が「もっと賢明さを身につけたい」と考えて、この石を選ぶ場合もあります。アゲートはずっと昔から、「愛の魔法をかける石」として用いられてきました。それは、この石に大地の恵みを引き寄せる力が秘められているからと言えるでしょう。

**この石の力を借りれば、恋愛や人間関係に関する
問題（特に「結婚相手を探す」という問題）に
実質的な解決法を見いだすことができます。**

## ラピスラズリ

　この非常に強力で美しいブルーの石は、古代エジプトの女神イシスや世界各国の王室と関連があることで有名です。この石は、自信と威厳を持って自分自身を表現できるようあなたを導いてくれます。この石を選んだ人は、過去に屈辱的な体験をし、「もっと自尊心を高めたい」と願っているのでしょう。なお、人間関係で「自尊心・プライド・満足感」を優先する人もまた、この石を選ぶ可能性があります。

　ラピスラズリは尊厳や平等、真のコミュニケーションを促してくれます。また心霊力を高める一面もあるため、必要なときに相手の気持ちやニーズに合わせる能力を与えてくれます。さらに、この石はずっと昔から貞節のお守りと考えられてきました。そのためパートナー同士でこれを身につけると、たがいの絆を深めることができるのです。

一般的に、この石は平和と愛をもたらし、
肉体・精神・情緒・霊性のレベルを調和させます。

## ルビー

　研磨された宝石は高価ですが、未加工のルビーは簡単に入手可能です。鮮やかな赤が印象的なルビーには、豊富なエネルギーと情熱が秘められています。ルビーを選んだ人は「もっといきいきした日常生活を送りたい。それにたくさんセックスもしたい」と考えているのでしょう。あるいは「情熱的な恋がしたい。心身共に相手にのめり込んでしまうような、ドラマチックな恋愛を楽しみたい」と考えているのかもしれません。

　その一方で、ルビーにははしゃぎすぎている人を冷静にし、自分の気持ちや行動にもっと集中するよう促す力もあります。また昔から、宝石のルビーは悲しみを一掃し、あらゆる富を引き寄せる石として身につけられているのです。

ルビーは人生に活力を与え、
初対面の人と会うときや
デートに出かけるときには勇気を与えてくれます。

## サファイア

　透明なブルーサファイアは、非常にスピリチュアルな石です。真実を象徴し、明瞭さ・明解さを促します。この石を選んだ人は、「自分が恋愛や恋愛関係に何を求めているのかよくわからない」という困惑を感じているのでしょう。あるいは「私は人から愛されたり、人を愛したりすることができないかもしれない（本当に愛を求めているのかどうかもわからない）」という不安を抱いているのかもしれません。また「もっと恋愛において正直になりたい。心を開いて相手とつき合い、同じ理想を追い求めたい」と考える人も、この石を選ぶ可能性があります。

　サファイアは平和と忠誠を促し、「本当の魂の触れ合い」を導きます。また、かつては貞節のお守りとして用いられていたこの石には、「性的行為を抑えて婚約者の純潔を守る」という意味もあるのです。

この石は、内外問わずいかなる脅威からも
愛を守り、つき合いを円滑に進め、
恋愛が成就するよう導く力があります。

## ダイヤモンド

　今でこそ婚約指輪として人気の高い石ですが、ダイヤモンドが「愛」と結びつけられるようになったのはごく最近のことです。またダイヤモンドの輝度がこれほど注目されるようになったのも近年です。それは、今のような輝きを放つカッティング方法が最近になってようやく発見されたからにほかなりません。ダイヤモンドは異性に対する自信を高めてくれる石です。それゆえ、この石を選んだ人は「もっとモテたい」と考えているのでしょう。また、常に周囲から注目されている人もこの石を選ぶ可能性が十分考えられます。

　ダイヤモンドはあらゆるレベルのエネルギーを高め、うそや陰気さを断ち切ってくれます。自分の気持ちを偽って「二番目に好きな人」とつき合う、などという状況に陥ることもありません。またこの石の力を借りれば、自分のニーズや感情を明確に表現したり、困難な問題に立ち向かう勇気を持つことができます。さらに、この石は昔から富、豊かさを象徴するものとして崇められているのです。

ダイヤモンドはパートナーとの不仲を癒し、
貞節を約束してくれる石です。

## エメラルド

　エメラルドの艶やかな緑は、地球とその豊かさの象徴にほかなりません。またはるか昔から、この石は「心臓の近くにつけると異性を引きつけることができる」と信じられてきました。エメラルドを選んだ人は「私は今、辛い目に遭っている。その辛さを乗り越えるための力が欲しい。そして日々の生活で小さな幸運に恵まれたら、それを楽しむ心の余裕も欲しい」と考えているのでしょう。

　エメラルドは恋愛成就の石で、パートナーに結婚の決意を促してくれます。さらに理解や智慧だけでなく、物質的な豊かさを高める石でもあるため、夫婦のベッドには歓びを、食卓にはたくさんのおいしい食べ物を運んできてくれるのです。

エメラルドは、仲のよいパートナーはよい友人関係も築けることを実証する石です。またこの石には、忍耐力を促して問題解決を導き、安全性を確立する力も秘められています。

## エンジェライト

　この石はニューエイジへの「気づきの石」の一つであり、平和と兄弟愛を象徴しています。エンジェライトを選んだ人は、恋愛に関して型にとらわれない理想や概念を持っているのでしょう。言い換えれば、男女関係に関して非常に「開けた」考え（たとえば「パートナーにとって一番の親友でありたい」「自分の気持ちに正直になれば、複数の異性と関係を持つのは自然なことだ」など）の持ち主なのかもしれません。なお、真のスピリチュアルな絆を求めている人がこの石を選ぶ可能性もあります。

　この石は思いやりや穏やかな気持ちを高めてくれます。もし過去に恋愛でイヤな思いをしたことがあっても、この石の助けを借りれば、温かな気持ちや自尊心を取りもどすことができるでしょう。しかも、自らの動機や感情をごまかすことなく、自分自身や他人に対して正直にいることができるのです。

この石は、恋人同士のテレパシーによる心のやりとりを促進します。

## ゴールドカルサイト

　これは浄化と清浄を促すと同時に、エネルギーを増幅してくれる石です。ゴールドカルサイトを選んだ人は「私は不純な感情を抱いている。恋愛において不健全な願望を持ったり、有害なパターンに陥ったりしてしまっている」と考えているのでしょう。この石は感情的知性の開発を促し、心だけでなく「頭」も使った恋愛を導いてくれます。まさに「感情だけでなく理性の力も借りて行動したい」と願っている人のための石なのです。

　カルサイトは、あなたが有頂天になるのを未然に防いでくれます。しかも機転のよさや能力を奪うことなく、前向きなエネルギーを高めてくれるのです。またこの石の力を借りれば、恋愛に関する自分の判断に自信を持つことができます。カルサイトは偏りのない、成熟した恋愛関係を導く一方、軽い気晴らしや楽しみも高めてくれる石なのです。

この石は軽さ、明るさ、チャンスをもたらし、
創造的能力あふれるすばらしい未来を
導いてくれます。

## ヘマタイト

　ヘマタイトはグラウンディングと保護作用に特に有効な石です。この石を選んだ人は、幻想や嘘（自己欺瞞も含みます）にまみれた恋愛を終え、「地に足をつけた生活に戻りたい」と考えているのでしょう。あるいは「精神的にも肉体的にも誰かにがっちり守ってほしい」と考えているのかもしれません。この石は性的欲求を克服し、意思の力と勇気を高めるのに役立ちます。離婚を迷っているときは、この石が大きな力になってくれるでしょう。この石には問題の選別を助けると同時に、自分の能力を最大限活用したり、性的魅力を自然な形で高めてくれる力があるのです。

　ヘマタイトには身体面への関心や意識を高める力があるため、オーガズムを高めるうえでも有効です。セックスでたがいの歓びを高め合えるようになるため、二人の性的な絆を強めてくれます。

ヘマタイトは、
あらゆる種類の外的な干渉を防ぎ、
安心感と親密感をもたらしてくれます。

# 自分自身を愛するためのエクササイズ

気になる相手を引きつけるためには、まず自分自身を愛することが必要です。
「私は愛されるに値する存在だ」という自信を持ってはじめて、
人は好ましい相手を引き寄せられるようになります。
ラブ・クリスタルの手助けを借りれば、あなたもそんな内面の輝きを高めることができるのです。

　このエクササイズはおふろで行うようにしましょう。ラブ・クリスタルと同じ色のバスソルトかバスオイルを選び、同色のろうそくをできるだけたくさんバスルームに飾ります。前もってバスルームを温め、おふろあがりのために心地よいバスタオルとボディローションを用意しておいてください。入浴中でも見える場所にラブ・クリスタルを飾り、その周囲を数本のろうそくで囲むようにします。可能であれば、複数のラブ・クリスタルを飾るようにするとさらによいでしょう。ただし大事をとって、浴槽付近にはクリスタルを近づけないようにしてください。バスオイルの中には、クリスタルにとって有害な成分をもつものもあるからです。

　軽くお湯をかきまぜてバスタブにつかり、こう唱えながら全身を意識します。「私は左の足を愛しています。私は右の足を愛しています……」こう続けながら、全身の部位にあなたの愛情を伝えていってください。さらに、自分の全身が良いものであるとイメージしてください。ラブ・クリスタルの力を借りて、あなたの全身がキラキラと輝き渡るところを思い描いてみましょう。温かな気持ちであなた自身の長所を見つめ、褒め言葉をかけられている自分、抱擁されている自分、愛撫されている自分、大切にされている自分の姿を思い浮かべてみるのです。

　エクササイズが終わったらおふろから上がり、全身をタオルで拭き、ローションをつけ（この間、自己愛を高めるための言葉を心の中で繰り返すようにしましょう）、最後に自分にごほうび（グラス一杯のワインや数個のチョコレートなど）をあげてください。もしエクササイズの最中に「難しい」と感じたことがあったら、それを専用ノートに記録しておくようにしましょう。なお、このエクササイズはいつでも好きなときに実施することができます。

ラブ・クリスタルが、
あなたのバスタイムを貴重な時間に変えてくれます。

# 愛を引き寄せるための儀式

ラブ・クリスタルは、あなたが求める愛を引き寄せてくれます。

> **必要なもの**
> ●飲み口が狭い、小さなグラス ●グラスがすっぽりと入る大きさのボウルか水差し（ガラス製）●オレンジ色、または金色のろうそく ●ウォッカ、またはブランデー

あなたが持っている中で飲み口が一番狭いグラス（たとえばリキュールグラスやジャムジャー）を用意し、その中にラブ・クリスタルを入れてください。さらにそのグラスを大きめのボウル（または水差し）の中に入れ、ボウルの中にミネラルウォーターを注ぎます。このとき、小さなグラスの高さぎりぎりまで水を入れるようにしてください。くれぐれもグラスの中に水が入らないように注意しましょう。なかには水を苦手とする石や、水に溶けやすい石があるからです。

そのボウルをお天気のよい日に窓辺に置き、一日中太陽の光にさらすようにしてください。もしこのエクササイズを満月の夜に行うなら、太陽光と同じ時間だけ、月光にもボウルをさらすようにするとなおよいでしょう。「すぐにエクササイズを行いたいのに、日中曇ってしまった」という場合は夜まで待ち、大きくて太いオレンジ色（または金色）のろうそくをともし、その光をできるだけ長い時間ボウルに当てるようにしてください。こうすることでラブ・クリスタルのエネルギーを高め、ボウルに張った水に浸透させることができます。

クリスタルのエネルギーで活性化されたボウルの水を、きれいに洗浄したボトルに詰め替えてください。そしてデートに出かける前、あるいは新しい出会いが期待できそうな日は、その「秘薬」をほんの一口飲むようにしましょう。このとき、自分の体に温かさとパワーが広がり、ラブ・クリスタルの輝きと反射が取り込まれていくのを意識するようにしてください。その輝きがあなたの全身を覆い、愛を引き寄せているところをイメージしてみましょう。なお、少量の「秘薬」なら肌にじかにつけることも可能です。耳のうしろ、あるいは他人には見えない部分に軽くつけてもよいでしょう。ウォッカかブランデーを落とせば、この「秘薬」を1週間以上もたせることができます。ただしその場合、アルコールにかぶれないように、身体のデリケートな部分に塗布するのは避けるようにしてください。

クリスタルのエネルギーを吸収した水が魔法を呼び起こします。

# 心を開くための視覚化

何かに傷ついたり幻滅したりすると、
人は自分の心を閉ざしてしまうものです。
意識の上では「誰かに心から愛されたい」と願っているのに、
無意識のうちに「立ち入り禁止」のシグナルを発してしまうのです。

この視覚化を行う前に、まず自分の現状を正直に見きわめてください。あなたは自分で自分の邪魔をしてしまってはいませんか？　「パートナーが欲しい」と真剣に願っていますか？　あなたが今心から求めているものは何でしょう？　ほんの少しの刺激や楽しさでしょうか、それとも人生を信じる気持ちでしょうか……？　自分の現状をしっかり見きわめたら、誰にも邪魔されない場所に横たわり、心臓の上にあなたのラブ・クリスタルを置いてください。深呼吸を繰り返し、穏やかなリラックス感が全身に広がっていくのを感じとりましょう。

あなたがクリスタルを置いた胸のあたりから、光がさんさんと輝きはじめます。クリスタル本体の色に関わらず、その光は緑色にまぶしく輝き渡っています。やがてその光は大きくなり、外の世界にどんどん広がっていくのです。さあ、その光景をじっくりと見て、感じてください。そしてこの地球上のあらゆるものに対する愛を感じてください。地球に存在するすべての動植物、すべての人々に対する愛をしっかりと感じとるのです。さらに、この世に存在する美しいもののことを考えてください。堂々とそびえ立つ木々、山や川が織りなす絶景、咲き誇る花々、まぶしい太陽、陽光にきらめく波……。そしてそのすべてにみなぎる躍動感、喜びを感じとるのです。

ふだんの意識に戻る準備ができたら、自分の感覚を閉じて、エネルギーを大地に戻します。美しい花が固いつぼみに戻るように、あなたの心が閉じていく様子をイメージしてみてください。そのあと何か飲むか食べるし、身体を軽く叩いて本当に自分の意識が「戻った」かどうか確認しましょう。そのあとお香を焚いて、あなたが「宇宙のパワー」と信じるものに対して、この体験を与えてくれたことに対する感謝の念を捧げてください。今のエクササイズに関する記録を専用ノートにつけておくようにしましょう。

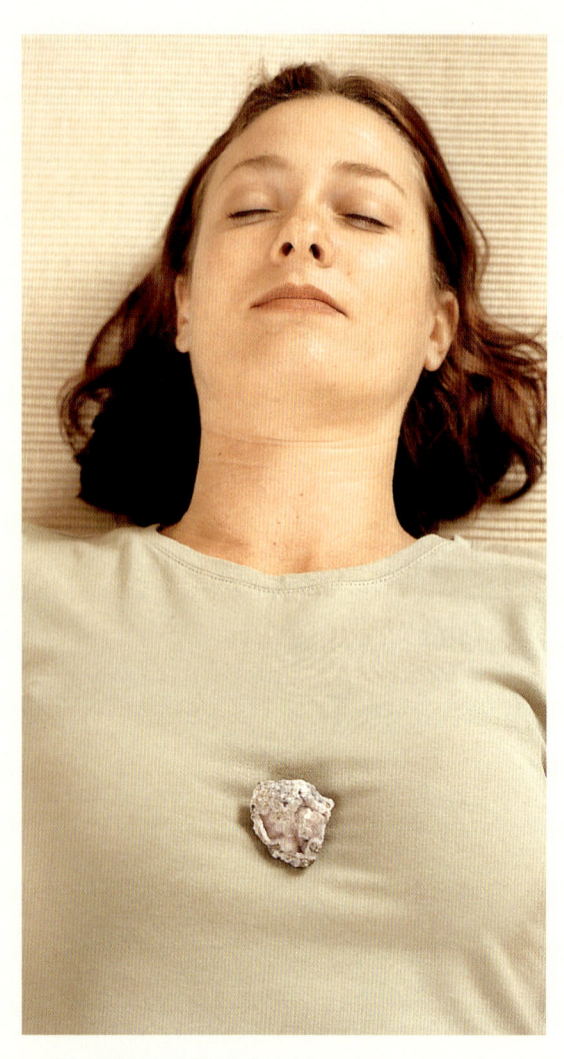

ラブ・クリスタルの美しさが
あなたの心に語りかけてくれます。

# パートナーとの絆を強めるための儀式

ここで紹介するのは、あなたとパートナーとの絆を強める儀式です。
とてもシンプルですが、愛情と献身を表す、非常に力強い儀式にほかなりません。

### 必要なもの
- 植物の種（おすすめなのはクレスです）●トレイに入れた配合土 ●2枚の紙 ●2本のペン ●2本のリボン ●あなたとパートナーが、相手のために選んだラブ・クリスタル ●あなたのパートナーの協力

まず二人で話し合って、パートナーのためのラブ・クリスタルを選んでください。相手が喜んで受け取ってくれそうな石を選ぶようにするとよいでしょう（ちなみに、このエクササイズの用途に最適なのはアメジストかローズクォーツです）。次に、あなたが二人の関係で不満に思っていることを正直にパートナーに打ち明け、パートナーにも同じことを打ち明けてもらい、今後はおたがい指摘された点に気をつけるよう約束を交わしましょう。そのあとで、パートナーがこれまで自分のためにしてくれたことで「いいな」と思ったことを紙にすべて書き出します。大きなことばかりでなく、ささいなこと（たとえば「朝、紅茶をいれてくれた」など）も忘れずに書くようにしてください。その紙をまるめてリボンで結び、先ほど選んだラブ・クリスタルを添えて、パートナーのものと交換します。

二人でトレイに種を蒔きます。このとき、たとえば二人のイニシャルやハート形など、二人の選んだ形に種を蒔くようにしましょう。そのあとの手入れも一緒にするようにしてください。またクレスなどの食用植物を蒔いた場合、育ったら二人で食べるようにしましょう。なお、水やりのときに「愛を引き寄せる儀式」（83ページ参照）で作った「秘薬」を少し混ぜるようにするとなおよいでしょう。

二人の関係をいつまでも楽しいものにするために、毎年この簡単な儀式を行うようにしてください。できれば二人の大切な記念日か、あるいは夏至・冬至・春分・秋分の日のいずれかに実施するとよいでしょう。

ラブ・クリスタルを使うと、
愛情の種がどんどん育っていきます。

# あなたの成功コード

「成功」をどうとらえるかは人それぞれです。
あなた自身は「成功」をどうとらえているでしょう?
その考え方次第で、あなたの人生が大きく変わると言っても
過言ではありません。

成長するにつれ、「成功」の意味合いは大きく変わっていきます。人生のある時点では、試験に合格すること、大きな困難を克服すること、昇進することなどが「成功」だと考えることもあるでしょう。このとき、あなたは「成功＝勝利」と考えているのです。また別の時点では、深い満足感を得ることや創造性を高めることが「成功」だと考えることもあるでしょう。このとき、あなたは「成功＝自分の能力開発」と考えているのです。

　どんなクリスタルも自己啓発を促してくれますが、あなたに最適なサクセス・クリスタルはめまぐるしく変わります。ときには様々な目的のために、一個以上のサクセス・クリスタルを選ばなければならない場合もあるのです。それは、各クリスタルが異なる性質を持つためではなく、あなた自身の立場や状況が様々に変わるからにほかなりません。

　真の「成功」を見つけるためには柔軟な考え方を心がけ、心を開くようにしなければなりません。サクセス・クリスタルはその手助けをしてくれます。サクセス・クリスタルは単にゴール達成を促すだけでなく、その達成までの計画立案も手助けしてくれるのです。

# サクセス・クリスタルの選び方

状況によって、あなたのサクセス・クリスタルの定義は変わります。だからこそ、もし可能なら、ここで紹介するクリスタル（タンブル加工のものか、ごく小さな形のもの）を全種類揃えるようにしてください。どのクリスタルも持っておいて損はないものばかりです。

### 必要なもの
- 12種類のサクセス・クリスタル（デンドリディックアゲート、アベンチュリン、カーネリアン、シトリン、ヘマタイト、ホーリーストーン、グリーンジャスパー、レピドライト、ソーダライト、サンストーン、タイガーアイ、トパーズ）●シナモンスティック●緑色、または金色の布●緑色、または金色のろうそく●シナモンのエッセンシャルオイルかお香スティック●花火●ジンジャーパウダー（ショウガ粉末）

### 瞑想メソッド

緑色か金色の布の上にシナモンスティックを広げ、そのうしろにろうそくを置きます。広げたシナモンスティックの上に、全種類のサクセス・クリスタル（または名前を書いた紙）を並べて、シナモンのエッセンシャルオイルを炊いて（またはお香を焚いて）ください。昔から、シナモンは繁栄と成功に関係があると言われているのです。

軽く目を閉じ、全身をリラックスさせましょう。あなたが「本当に成功した」「世界は自分のものだ」「自分は今勢いに乗っている」と感じたときのことを思い出してください。その感じを全身で感じとりましょう。その「成功感」を可能な限り感じとったら、利き手をクリスタルの上にかざしてください。体内の「成功感」をしっかりと感じながら、目は開けずにその手をゆっくりと動かします。

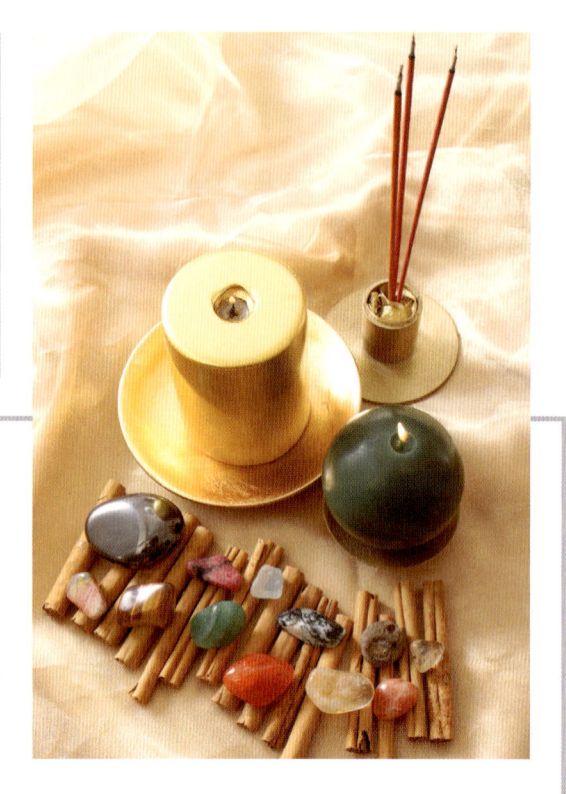

自分の手の感覚に注目してください。熱い感じやチクチクした感じはしますか？ 重さや軽さは感じるでしょうか？ 手を動かしていて「一番心地よい」、あるいは「引き寄せられるようだ」と感じる場所はどこでしょう？ その場所に置いてある石こそ、あなたのサクセス・クリスタルにほかなりません。もし該当する石が複数あるようなら、それ以外の石を外して同じ方法をくり返し、最終的な選択を下すようにしてください。

## 視覚化メソッド（1）

先の「瞑想メソッド」は、大きな成功感を実際に感じたことがある人向けのものですが、ここで紹介するのは「成功感はまだ感じたことがない。でもイメージすることならできる」という人のための方法です。真の成功を手にし、最高の気分を感じている自分をイメージしたうえで、先の「瞑想メソッド」の手順に従ってみてください。

## 視覚化メソッド（2）

このメソッドは「視覚化メソッド（1）」をアレンジしたものです。状況別にサクセス・クリスタルを選びたい場合に実践するようにしてください。なお、このメソッドで選んだ石はあくまで特殊な状況のためのものです。一般的な成功を導くためにもう一つ、サクセス・クリスタルを改めて選ぶようにしてください。

その特殊な状況（たとえば試験に受かる、レースに勝つなど）で成功している自分の姿をイメージしましょう。このとき、自分が努力している姿（猛勉強している、死に物狂いで走っているなど）ではなく、望ましい結果を象徴するもの（合格通知、優勝トロフィー、「勝った！」という感じなど）をいきいきと思い描くようにしましょう。そのあと、先の「瞑想メソッド」の手順に従ってみてください。

## 花火メソッド

このシンプルな儀式は、勝利を呼び込むためのものです。サクセス・クリスタルを選ぶときだけでなく、本当に神の助けを必要とするような大きなチャレンジ（たとえばエベレスト登頂、しれつな選挙に立候補など）をする際にも有効です。この儀式を行うために、ロケット型花火（火花をあげて上方に飛んでいく花火ならどんな種類でも可）、ジンジャーパウダー（伝統的に「大きなエネルギーとパワーに関係するもの」と考えられています）、布袋に入れたクリスタル（代用品でも可）を用意してください。

舌と指先にジンジャーパウダーを少量つけ、自分が成功した姿をいきいきと思い描きます（「プロセス」ではなく、「よい結果を出したところ」をイメージすることが大切です）。ロケット花火に火をつけ、花火が上昇していく間、「私は勝利者だ！　この花火のように、誰も私を止めることはできない！」と数回唱えてください。さらに舌と指先にジンジャーパウダーを少量つけ、布袋に手を突っ込み、クリスタルを一つ取り出してください。その石こそ、あなたを勝利に導くサクセス・クリスタルにほかなりません。

ひとたびサクセス・クリスタルを選んだら、その石をしっかりと握りしめたまま、このエクササイズを繰り返すことも可能です。そうすれば、より鮮やかな視覚化ができるようになり、さらに儀式の効果を高めることができるでしょう。

# サクセス・クリスタルの意味

## デンドリディックアゲート

　一般的に、アゲートは自信や自尊心を高めてくれます。他人へのねたみや嫉妬によるエネルギーの消耗を防ぎ、自分の個性の素晴らしさに気づくよう促してくれるのです。デンドリディックアゲートは大地と強力なつながりを持つ石で、一瞬一瞬を大切にし、今を生きるよう導いてくれます。この石を選んだ人は「人生において真に進むべき道を見つけるために、私は自分の本質とつながらなければならない」と感じているのでしょう。

　デンドリディックアゲートは安定や平和をもたらし、あなたの自分探しをゆっくりと手助けしてくれます。また、これは植物界や自然界のスピリット（精霊）と強いつながりを持っている石でもあるのです。自分の天職についてのインスピレーションを求めている人は、郊外の静かな場所でこの石の助けを借りるようにするとよいでしょう。

デンドリディックアゲートは忍耐力を授けてくれます。その結果、これまでの自分の間違いを見つけ、前進できるようになるのです。

## アベンチュリン

　これはいわゆる「幸運」を呼び込んでくれる、縁起のよい石です。この石を選んだ人は「いよいよ運命に身を任せるときがきた。いちかばちかやってみよう」と感じているのでしょう。アベンチュリンは安定した心の状態を導きます。その結果、チャンスを見きわめたり、「人生が自分にもたらしてくれるものを楽しもう」という気分になったりすることができるのです。

　アベンチュリンは、あなたに新しい環境やアイディアを促したり、これまで手にしていたものを異なる視点からとらえるよう導いたりしてくれます。さらに、この石には思いがけない大金をもたらしたり、ノイローゼや神経質な癖の原因を特定・克服させたりするパワーも秘められているのです。

アベンチュリンは、他人を鼓舞する能力を高め、リーダーの資質を強化してくれます。

## カーネリアン

　これは活力と勇気をもたらす非常に強力な石です。カーネリアンを選んだ人は大きな野心を抱き、「なんとしてでも競争を勝ち抜いて成功したい」という決意を秘めているのでしょう。あるいは「これから私は難問に直面するだろう。周囲からできる限りの助けを得なければならない」と考えているのかもしれません。

　カーネリアンは、あなたの奥底にある能力まで徹底的に導き出しますが、余力まで奪ってしまうことはありません。またこの石は、あなたの努力の的をどこに絞るべきか、その努力の成果を最大限出せるポイントはどこかを正確に教えてくれます。カーネリアンは心を澄んだ状態にし、人生において現実的な目標を立て、前向きで力強い選択をするよう促してくれるのです。

この石は無気力な人、
気落ちしている人に元気を与えてくれます。
ネガティブな感情を追い払い、
「もっとよいことが起こる」と考える手助けをしてくれるのです。

## シトリン

　シトリンは新たなスタートを切るために役立つ石です。多才さや発明能力を引き出し、あなた自身やあなたの人生の再生を促してくれます。また批判に対する打たれ強さやマンネリからの脱却を促し、個性や独創性を活かした表現力も高めてくれるのです。これは、まさに楽しさと明るいアイディアを導いてくれる石にほかなりません。シトリンを選んだ人は「自分はマンネリに陥っている。新しい方向に進むための一押しが必要だ」と感じているのでしょう。

　この石はあなたの心を研ぎすまし、他の人々に自分の考えや気持ち、望みを伝える能力を高めてくれます。また心を安定させてくれるため、あなたの責任能力も高めてくれるのです。

シトリンをガイド役にすれば、
成功までの準備は整ったも同然です。
あらゆる手段を尽くして成功と充足感を
追い求めるようにしましょう。

## ヘマタイト

　これは、逆境にも負けない強さを促してくれる石です。この石を選んだ人は「私はひどく辛い目に遭っている」と感じているのでしょう。実際、人生全体に影がさし、激しい気分の落ち込みに苦しんでいる人もいるはずです。この石は、そんなあなたに「今こそそんな流れを終わらせ、原点に立ち返るべきときです。さあ、自分の強みや健康をもう一度評価し、ゆっくりと、でも着実に新たなスタートを切りなさい」と教えてくれているのです。きっと、今のあなたは「成功」を非常に現実的な問題としてとらえ、断固とした決意を持って、成功のための準備を整えようとしているのかもしれません。

ヘマタイトは、あなたの意欲を
駆り立てるものは何かを教えてくれます。
またあなたの魂が身体に調和するよう促し、
全体的な充足感をさらに高めてくれるのです。

## ホーリーストーン

　ホーリーストーンはクリスタルではありません。名前からもわかるとおり、これは様々な要因（風、波、土壌浸食、微生物など）で自然に穴（ホール）が空いた石のことなのです。このようなホーリーストーンは海岸沿いでよく見かけます。またニューエイジ関連のお店で、よくクリスタルと共に売られているのです。

　子宮を象徴していることから、この石は大母神として神聖視され、大昔から「高い保護作用がある」と考えられてきました。この石を選んだ人は、自分が「何かを育てること」に生き甲斐を感じるタイプだ、ということに気づいているのでしょう。おそらく、実際あなたは何かを生み出そうとしているのかもしれません。もしそうなら、この石が大きな助けとなるはずです。あるいは、あなたはこの石が象徴している「地球」や「永遠に女性的なもの」とのつながりを高めたいと望んでいるのかもしれません。

ホーリーストーンは、無意識にアクセスする
手助けをしてくれます。創造性を解放し、
嘘偽りのない行動を引き出してくれるのです。

## グリーンジャスパー

　これはバランスと協力をもたらす石です。グループメンバー間の議論や助け合いを促してくれるため、自分の偏った見方に気づき、態勢を立て直せるようになります。グリーンジャスパーを選んだ人は「自分の人生には何かが欠けている」「私は自分の魂とのつながりを失ってしまっている」と感じているのでしょう。

　この石は、あなたが自分に足りない部分を見つけ、一体感を感じられるように導いてくれます。仕事ばかりしている人には「労働時間を減らしてもっと積極的に遊びなさい」、また頭ばかり使っている人には「たまには頭を休めてもっと手を使うようにしなさい」と教えてくれているのです。グリーンジャスパーは健全な自己愛を促し、自己実現の達成を支援してくれる石と言えるでしょう。

グリーンジャスパーは人生のあらゆる面での
成功を手に入れたい人、皆を愛し皆から
愛されたい人のためのクリスタルです。

## レピドライト

　紫色をしたレピドライトはスピリチュアルな石です。この石を選んだ人は、「成功とは物質的・実質的なものではない。真の成功とは人として成長することであり、悟りに到達することなのだ」と考えているのでしょう。あなたが他人を助けるとしたら、おそらく自分の名声や栄誉のためではないでしょう。「宇宙の一部としての自分」の存在意義を感じたくて、そうしているはずです。

　この鎮静作用のある石は、あなたの気分を安定させ、人生の進路についてじっくり考えるよう導いてくれます。同時に、要点をズバリと言う能力を高め、注意散漫な状態をなくし、重要な決定を下せるよう促してくれます。さらに、どのような仕事であろうと、他人の助けを借りずに成功する力も授けてくれるのです。

スピリチュアルな石である反面、
レピドライトには幸運を引き寄せたり、
夢を実現する創造力を高めたりする
力もあります。

## ソーダライト

　ラピスラズリとよく似た外観を持つソーダライトは、直感とスピリチュアリティを高めてくれる石です。この石を選んだ人は、「自分がどんな大志を抱いているのかよくわからない」と感じているのでしょう。ひょっとして、あなたは高等教育を受け、ずっと成功を追い続けている人かもしれません。あるいは癒しや心霊術のような微妙なスキルを学んでいる人かもしれません。ソーダライトは論理と直感を結びつけ、そのどちらの力も高めてくれる石なのです。

　「成功とは、自分に忠実であり続けながら善行を行うことだ」こう考える人にとって、ソーダライトはまさに理想の石にほかなりません。もしあなたが慈善活動やある種の教育、それに関するグループセッションなどを計画しているなら、この石の導きにより、明快なコミュニケーションをとって高い評価を得ることができるでしょう。またこの石にはあなたの信頼性を高め、誠実な人々からの支援を引き出す力もあるのです。

ソーダライトはあなたの精神的視野を広げ、
多くの物事、特にあなた自身に対する理解を
促してくれます。

## サンストーン

　名前が示すとおり、この石は輝きたい人、スポットライトを浴びたい人のための石です。この石を選んだ人は「もっと名をあげて脚光を浴びたい」と考えているのでしょう。サンストーンには妨害や抑制を取り除く力があるため、あなたを今まで押さえつけられていた人々から解放し、本来のあなた自身が輝くよう導いてくれます。また言い訳をやめ、自分の本当の夢や願望に突き進む手助けもしてくれるのです。

　この石は、あなたにいやなときは「ノー」という強さを与えてくれます。また何か創造活動を行っている場合や自分自身の成長を高めている場合には、尽きることのない体力を促してくれるのです。さらに、この石は常に「あなたはすばらしい存在ですよ」と囁きかけ、自信や自尊心を高めてくれます。

サンストーンは、
物事のポジティブな面を見るよう導き、
不利な状況も有利なものに変えてしまうよう
促してくれます。

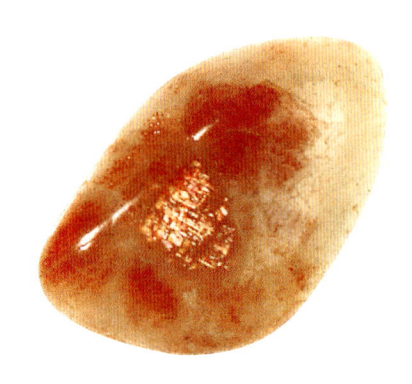

## タイガーアイ

　これはエネルギー、勇気、幸運をもたらすすばらしい石です。この石の茶色と黄色には、「太陽の炎」と「地球の堅実性」が象徴されています。タイガーアイを選んだ人は野心家でありながら、「実力以上のことをして失敗してはいけない」ということに気づいているのでしょう。

　この石は、大きな夢を追いかけている間も堅実さを失わないよう促してくれます。昔から、タイガーアイは他者の悪意を寄せつけないためのお守りとして用いられてきました。この石の助けを借りれば、自分を傷つけようとしている人々を知り、彼らに断固とした態度で、勇敢に、分別を忘れることなく対処する能力を身につけられるのです。またこの石は、あなたが本当に求めているものと実現不可能なものを見きわめる力を授けてくれます。

タイガーアイは、
あらゆる関連データを見逃さない能力、
そしてそれらをまとめる能力を高めてくれます。

## トパーズ

　明るく鮮やかなトパーズは人生の道を照らし出し、前向きなエネルギーと励ましを与えてくれる石です。この石を選んだ人は「自分には前向きな考え方が必要だ」と感じているのでしょう。トパーズにはあなたの視覚化とアファメーション（肯定的な断言で潜在意識にはたらきかけること）の能力を高め、自分自身を信じるよう促す力があるのです。

　また、トパーズには内面の豊かさへの気づきを助け、博愛精神を高めるパワーも秘められています。結果的に、あなたの自信も高められることは言うまでもありません。さらに、これは非常に創造的・芸術的な影響を持つ石です。もしあなたがまだ将来の目標をハッキリ決めていないなら、トパーズがそれを明らかにする手助けをしてくれるでしょう。この石は「木を見て森を見る」能力や、その関連性に気づいて総合的にまとめる能力を促してくれるのです。

トパーズが一番すばらしいのは、
あなたの内面に秘められた能力に光を当て、
それらを活用する方法を教えてくれる点と
言えるでしょう。

# 幸運を引き寄せるための儀式

幸運を引き寄せるために最も必要なのは、前向きな態度と考え方にほかなりません。ある調査では「幸運な人に共通するのは快活さと社交性である」という結果が出ています。彼らはその特性を活かして、タクシー待ちの行列でたまたま大金持ちに話しかけて割のよい仕事をもらったり、偶然道ばたで大金を拾ったりしているのです。このセクションでは、あなたにそんな幸運を「感じて」もらうための儀式を紹介しましょう。あなたには、人生がもたらす数々の恩恵を受け取る資格があります。このことを信じれば、自分の望むものがどんどん舞い込むようになるのです。これは何も不思議なことではありません。自分の意識と信念さえ変えることができれば、あなたの周囲で少しずつ変化が起こり始めます。そうやって、あなたはだんだん富を引き寄せられるようになるのです。

### 必要なもの
- あなたのサクセス・クリスタル（タンブル加工されたもの）を8個、または馬蹄
- オレンジのエッセンシャルオイル
- 緑色のろうそく

昔から、馬蹄は幸運のシンボルと考えられています。用意したタンブル・クリスタルのうち、7個を馬蹄型に並べ（実物の馬蹄を使用しても可）、最後の1個を真ん中に置き、その馬蹄型の頭の部分に緑色のろうそくをともしましょう。さらにオレンジのエッセンシャルオイルを炊いて、楽天的な雰囲気を高めてください。

ろうそくの炎を見つめながら、自分の身にこれまで起きたラッキーなことをすべて思い浮かべてください。何かのコンテストで優勝した、気の合う人々と巡り会った、夢中になれる趣味を見つけたなど、どんなことでも構いません。もし何も思い浮かばないようなら、日常生活の中で感じた「ささやかな幸福」を思い出してみるとよいでしょう。たとえばお店で探していたものを見つけた、すぐに駐車スペースが見つかった、というようなことでもよいのです。それらを思い出したら、満面の笑みを浮かべて、この言葉を好きなだけ繰り返してください。「私はラッキーだ、私はラッキーだ、私はラッキーだ！」

「幸運に恵まれたい」と思うときはいつでも、真ん中に置いた8番目のクリスタルを携帯するようにしましょう。もしそうしたいなら、他の7個のクリスタルは部屋に飾り、いつでも好きなときに8番目のクリスタルの「再充電」をするようにしてもよいでしょう。否定的な考えが思い浮かんでしまった場合や儀式をもう一度やり直す場合は、8個のクリスタルをすべて浄化するようにしてください。

馬蹄型のクリスタルで幸運を引き寄せましょう。

# 自信を高めるための儀式

自信とは、心身共にリラックスし、健全な自尊心を高めることができてはじめて生まれるものです。このセクションでは、「私は特別な存在だ。だから自分のゴールを達成することができる」という気持ちを高めるための儀式を紹介したいと思います。

---

**必要なもの**
- 金色のろうそく ● 金色の皿 ● あなたのサクセス・クリスタルをあしらった宝飾品（どんな種類のものでも可）
- オレンジのエッセンシャルオイル

---

金色の皿の真ん中にろうそくを置き、そのろうそくのふち近くに宝飾品を置いてください。ろうそくの火をともし、こう唱えましょう。「私はこの炎のように明るく輝く」

指先で、金色の皿を軽くさわってみてください。そのあと意識を自分の頭に集中させ、自分が王冠をかぶっているところをイメージしてみましょう。その王冠の輝きがどんどん強くなり、やがてあなた自身がぴかぴかと輝きはじめます。そして頭上の輝きが増すにつれ、あなたの心も明るく澄み切っていくのです。さあ、あなたはその王冠をかぶったまま、背筋をしゃんと伸ばして、一つの部屋に入っていきます。その自分の姿をできるだけ詳しくイメージしてください。このとき、恐ろしいイメージを思い浮かべてはいけません。今は問題を見つめるための時間ではなく、あなたが輝くための時間なのです。

エクササイズを終了したら、宝飾品を手に取って身につけましょう。「王冠」のイメージを感じたいときはいつでも、その宝飾品を頭上に掲げるようにしてください。また自信を高める必要があるときは静かな部屋に行き、自分のサクセス・クリスタルを頭の上に掲げ、「王冠」が輝いているイメージを強く思い浮かべるようにするとよいでしょう。

金色とサクセス・クリスタルの色の組み合わせにより、あなたの自信が高まります。

# 天職を探すための瞑想

「順調な日々を送ってはいるけれど何か物足りない……」そんな気持ちを感じてしまうのは、あなたが何かに対して欲求不満を抱えているからかもしれません。きっと、あなたは「自分にはもう少し能力があるのではないか?」という疑問を心ひそかに抱いているのでしょう。とはいえ、多忙な日々の中で、自分の能力をじっくり見つめ直すのは容易なことではありません。そんなときこそ、サクセス・クリスタルの助けを借りるべきときなのです。

### 必要なもの
- ジャスミンのエッセンシャルオイル ●あなたのサクセス・クリスタル（できればボール型か卵形のもの）

1. このエクササイズは、あなたを「夢を見ている状態」に導き、自分の無意識により近づかせるためのものです。ジャスミンのエッセンシャルオイルを炊き、自分のサクセス・クリスタルを手に持ったまま座ってください（割と大きめのボール型か卵形のクリスタルがよいでしょう）。深呼吸をしてリラックスしたら、こう自問してみましょう。「私が不満を感じているのは自分の仕事についてだろうか、それとも生活スタイルについてだろうか?」その答えをじっくりとよく考えてみてください。このとき心に思い浮かんだことはすべて、専用ノートに書きとめておくようにしましょう。

2. 静かに座りながら、今度はこう自問してみましょう。「私は仕事や人生において、本当はどんなことを経験したいと思っているのだろう?」その答えをじっくりとよく考えてみてください。意味不明の考えやアイディアが思い浮かんでも、無理につじつまを合わせる必要はありません。そのまま、専用ノートに書きとめておくようにしましょう。

3. 今度は、自分のクリスタルを手に持ったまま横になり、深呼吸を繰り返してリラックスしてください。なお、ここからの手順をあらかじめテープに録音しておいて、その指示に従うようにするとよいでしょう。サクセス・クリスタルを手に持ったまま、一本の田舎道を歩いている自分の姿をイメージしてください。澄み切った青い空の下、緑色の葉っぱが揺れています。肌に太陽の光を感じますが、さわやかな風が吹いているのでちょうどよい気温です。どこからか鳥のさえずりが聞こえ、花のよい香りや刈りたての干し草の匂いもしています。まるで地球のアロマが至るところに漂っているようです。あなたは、自分がやわらかくて真っ平らな道の上に立っていることに気づきます。さあ、人生もこの道と同じであることを意識してください。あなたの人生は一本の道にほかなりません。目の前にはどんな道がのびていますか? これから進もうとしているその道に、何か変わったところはありますか? もしあるとすれば、それはどのような変化でしょう? その道はゴツゴツしていますか、曲がりくねっていますか、それとも草に覆われているでしょうか? あるいはまっすぐにのびて、見晴らしがよいでしょうか? 道の様子に気を配りながら、そのまましばらく歩き続けてみてください。

4. たそがれどきになり、うっすらと霧が立ちこめてきました。前方にカーブしている道が見えてきます。それを道なりに進むと、今度は分かれ道にぶつかりました。どちらの道を行けばよいのかわからず、あなたは手の中のクリスタルをしっかりと握りしめます。さあ、どちらの道を進むべきか、クリスタルに訊ねてみてください。

5. クリスタルの勧めに従って一方の道を進んでいくと、ぼんやりとした光が見えてきます。その光を放っているのは、道の向こう側にある巨大なクリスタルです。そのクリスタルはあなたのクリスタルと同じ種類ですが、数百倍もの大きさがあります。その巨大なクリスタルが道の向こう側から、あなたが進むべき進路を照らし出してくれているのです。さあ、そのクリスタルめがけて道を進んでいきましょう。その先には、どのようなものが見えるでしょう? またあなたの回りにはどのようなものがあるでしょう? 人に会ったり、動物に出くわしたりするでしょうか? 植物や建物などは見えるでしょうか? 心を癒すような音楽は聞こえていますか? 匂いや味、手の感触など特別に感じることはありますか? 巨大なクリスタルに近づくにつれ、あなたはその美しさ、すばらしさに気づきます。さあ、そのクリスタルの中をじっと見つめてみてください。たとえば、そこにドアのようなものが見えるでしょうか? もしそうなら、そのドアを開けて旅を続けるようにしましょう。

準備ができたら、ふだんの意識に戻ります。身体を軽く叩いて、グラウンディングを確認したら、専用ノートに今のエクササイズに関する記録をつけておきましょう。このエクササイズを通じて、あなたは天職に関するヒントやシンボルを見たり、次に進むべき人生のステップに関するお告げを受けたりしているかもしれないのです。クリスタルは忘れずに浄化するようにしてください。なお、このエクササイズは必要なときにいつでも実践可能です。

クリスタルを手に取ると、瞑想を深めることができます。

# あなたを
# ガードするコード

ほとんどのクリスタルには保護作用があります。
環境のバランスを整え、よい効果を導くことができるのです。
でも、それ以上の効果を期待するなら、プロテクション・クリスタルが
おすすめです。このクリスタルは、あなたの内面および外面の守りを固め、
エネルギーを補給してくれるのです。

多くのオカルト信仰者や透視能力者が「人には皆『オーラ』がある」と主張しています。オーラとは、私たちの肉体を取り囲んでいる、様々な色や層から成る生体磁気シースのことにほかなりません。そして、なかにはこのオーラの特徴（強さやスピリチュアリティ）をハッキリ認識できる透視能力者もいるのです。自分では気づかないかもしれませんが、強力でいきいきとしたオーラは、多くの物事から私たちを守ってくれています。というのも、オーラには有害な人々を潜在意識レベルで感じとる性質があるからです。また好ましいものを引き寄せる一方、好ましくないものには反発する性質も持っています。こういったオーラの力は、プロテクション・クリスタルの共感的な振動によって、さらに強化することができるのです。

　往々にして、「目に見える脅威」には簡単に対処できるものです。それに比べ、「目に見えない脅威」には対処がより難しいと言えるでしょう。たとえばあなたを間接的に攻撃したり、あなたからエネルギーをこっそり奪い取ろうとする相手はなかなか特定できないものなのです。でもプロテクション・クリスタルの助けを借りれば、問題が生じた時点でそれを察知し、エネルギーの流出を防ぐことができます。たとえばガーネットには攻撃を防ぐだけでなく、危険の接近を警告する力もあるのです。プロテクション・クリスタルの一番すばらしい点は、安全に関するあなたの直感力を高めてくれることと言えるでしょう。

# プロテクション・クリスタルの選び方

ここで紹介するのは、
様々な保護作用を持つクリスタルばかりです。
これらにはあなた自身の保護能力を強化し、
あらゆる面に関する直感を高めるパワーが秘められています。

### 必要なもの
- 12種類のプロテクション・クリスタル(ブラッドストーン、カーネリアン、カルセドニー、ガーネット、ジェード、レッドジャスパー、ジェット、ラブラドライト、ラピスラズリ、マラカイト、オニキス、スノーフレーク・オブシディアン)
- 濃い色のリボン
- ろうそく
- ラベンダーのエッセンシャルオイルかお香スティック
- 布袋

### 布袋メソッド

布袋の中に、すべてのクリスタル(または名前を書いた紙)を入れます。目を軽く閉じてリラックスし、自分が何から守ってほしいのか冷静に考えてみてください。導きをお願いしたうえで、布袋の中からあなたのクリスタルを選び、取り出しましょう。

### 自分の選択に疑問を感じたら

ときには、自分の選択が現状にそぐわないように思えることもあるでしょう。たとえば子供のことが心配なのにカーネリアン(自分自身を守る石)を選んでしまった場合や、仕事面で不安を抱えているのにジェット(健康面を守る石)を選んでしまった場合などです。それでも、自分の選んだクリスタルを信頼するようにしてください。現状があなたの解釈とはまったく正反対の場合もありえます。自分がその石を選んだように思えても、実際はその石があなたを「選んで」いるのです。迷わずカーネリアンを子供のベッド付近に、またジェットをあなたの仕事机の上に置くようにしましょう。安心を得られた時点で振り返ってみれば、きっと自分の選択の意味がわかるはずです。

### 視覚化メソッド

このメソッドは「布袋メソッド」の応用編で、クリスタルのスピリット(魂)と交信するやり方です。メソッドの効果を高めるために、あらかじめラベンダーのエッセンシャルオイルを入れたおふろに入るようにしてください。リラックスムードを高めるような音楽をかけ、好みのお香を焚きましょう。

誰にも邪魔されない場所かどうか、チェックを怠ってはいけません。このメソッドの実践には、12種類のプロテクション・クリスタル(タンブル加工されたもの)が必要となります。次に紹介する「サークルメソッド」(103ページ参照)と同じやり方で、あなたの正面にそれらを並べたら、それぞれのクリスタルからスピリットが現われるところをイメージしてみましょう。視覚化が得意な人は、それらの姿かたちまでハッキリと見きわめたり、言葉を交わしたりすることができるはずです。その中で特にあなたを強く引きつけ、またあなたに共感してくれているのはどのスピリットだと思いますか? そのスピリットの石こそ、あなたのプロテクション・クリスタルにほかなりません。もしうまく視覚化できないようなら、「サークルメソッド」の手順に従い、あなたの怖れを視覚化してみましょう。特に熱心にあなたの怖れと戦い、それを破壊してくれたのはどのスピリットでしょうか?

## サークルメソッド

　床の上にリボンで大きな円（「安全なサークル」の象徴）を描き、その円の北側（南半球に住んでいる人は南側）に12種類のクリスタル（または代用品）を一列に並べます。クリスタルの列の前にろうそくを置いて火をつけ、その火とクリスタルを見る形で「安全なサークル」の中に座りましょう。このとき、あなたの安心感を高めるもの（たとえば子供の頃から大切にしているテディベアや親友の写真など）を持って、サークルの中に入るようにしてください。

　自分は安全であることをしっかり確認したら、軽く目を閉じ、冷静で落ち着いた気分になりましょう。あなたが怖れているものが、ろうそくの背後に現われたところをイメージしてください。それが「うつ」のように形のないものでも、その姿、音、匂い、感じなどをなるべく具体的に思い描くようにしましょう。その怖れをいちはやく撃退してくれるクリスタルはどれか、自分自身に問いかけてみてください。一つの石が白いレーザー光線を放ち、その怖れをこっぱみじんにやっつけてくれるところを思い描いてみましょう。その光線を放った石こそ、あなたのプロテクション・クリスタルにほかなりません。

# プロテクション・クリスタルの意味

### ブラッドストーン

　古代バビロニアの時代から、ブラッドストーンは「敵を撃退する能力を持つ石」と信じられてきました。兵士たちは負傷を避け、出血を止めるためにこの石を携帯していたと言われています。また今日でも、この石は鼻血をとめる目的で用いられているのです。それは、この石がすぐれた鎮静・抑制効果を持つからにほかなりません。ブラッドストーンを選んだ人は、身体面を文字通り「切断」されたり、身体が脅威にさらされることに恐怖を感じているのでしょう。もしかすると、あなたはこれから手術を受ける必要があるのかもしれません。

　ブラッドストーンには、いかなる有害なものも遠ざける力があります。この石の手助けにより、あなたはウィットや常識を駆使して危険を回避する能力を高めることができるのです。またブラッドストーンを身につけることは、健康増進につながります。腰より下の部分に携帯すると、体力がアップするでしょう。

ブラッドストーンは、あなたを今この瞬間に
しっかりと結びつけてくれます。
そのため集中力を高め、効果的に
振る舞うことができるのです。

### カーネリアン

　これは勇気を高めてくれるすばらしい石です。あらゆる種類の否定的影響や過去の有害な影響からあなたを守ってくれます。特に、公の場でスピーチするときはこの石の助けを借りるとよいでしょう。この石にはプロ意識を高め、感情からネガティブな要素を取り去る力があるのです。またカーネリアンの力を借りれば、自分の考えを他人に知られたり、誰かから悪い「魔法」をかけられることもありません。

　カーネリアンには、迫りくる危機から家庭を守る、怒りや恨みを遠ざける、死の怖れを撃退するなどの効果があります。この石を選んだ人は「私にはもっと力、自信、活力が必要だ。同時に、人生の流れに同調するための穏やかさも必要なのだ」と感じているのでしょう。

カーネリアンのペンダントを身につけると、
勇気や励みを感じ続けることができます。
また周囲に、あなたの存在価値や力強さを
アピールすることもできるのです。

## カルセドニー

　昔から、カルセドニーは「事故や災難から身を守る」お守りとして、旅人に用いられてきました。この石には、悪夢やネガティブ思考を断ち切る、あらゆる種類の幻想を解消する、悲しみを和らげるといった効果があります。さらに、この石には「恐怖症」の症状やその他の精神的混乱を抑える力や、家庭や家族を守る力も秘められているのです。

　この石を選んだ人は、誰かや何らかの状況に惑わされてしまっているのでしょう。あるいは、自分で自分自身を欺いてしまっているのかもしれません。あなたは本能レベルでそのことに気づき、その状態を改善してくれるようカルセドニーに助けを求めているのです。また目的もなくダラダラと過ごし、不安に直面している人がこの石を選ぶ可能性も考えられます。そんなあなたもカルセドニーの力を借りれば、勇気を出し、自信をつけ、生きる喜びを高めることができるのです。なお、訴訟から身を守りたい場合もこの石が有用です。

カルセドニーの指輪かネックレスをつけると、大切に守られている感じが高まり、安心感を覚えることができます。

## ガーネット

　これは忍耐力と大きなエネルギーをもたらしてくれる、非常に強力な石です。この石を選んだ人は、身体的または精神的な試練に直面しているのでしょう。ガーネットはそんなあなたの身を守り、エネルギーレベルを高めてくれます。この石は昔、「悪魔を祓ってくれる」「危険が近づいていることを知らせてくれる」と考えられていたのです。

　ガーネットにはあなたのオーラを高めて、攻撃者を遠ざける力があります。伝統的に、この石には泥棒を撃退する力や健康を増進する力があると信じられているのです。もしにっちもさっちもいかない状況に陥っても、この石の力を借りれば解決法を見つけ、その状況から抜け出すことができます。なお、ガーネットのイヤリングをつけると、迫りくる危機をいち早く察知できるようになるでしょう。

心臓の近くにガーネットを身につけると、自信を高めることができます。

## ジェード

　ジェードは多くの保護作用を持つ石で、特に身体を病気や事故から守る効果にすぐれています。また智慧をもたらし、よくない判断を退けてくれるため、誰かに操作される状態からあなたを守ってくれるのです。さらに、この石には、庭の四隅（東西南北の方向）に置いておくと植物を守ってくれる作用もあります。

　中国では、ジェードは「寿命を延ばす石」として知られ、ジェードのボウルで食事をするとこの石の恩恵を受けることができると信じられています。この石を選んだ人は「自分の身を守るために一番必要なのは、自然の恵みに同調し、心の平穏を探すことだ。そうやって自分の身体を気にかけながら、流れに身をまかせるのが一番よい」と感じているのでしょう。また、ジェードには腎臓と膀胱を癒す力があります。ベルトにつけたり肌に直接触れる場所につけると、最大の効果を得ることができるでしょう。

ジェードは調和および友人を
引きつける力をもたらしてくれます。

## レッドジャスパー

　ジャスパーは、あなたを多くのレベルにおいて保護してくれます。特に、ためにならない願望をあなたから遠ざける力があるのです。太古の昔、ジャスパーは「毒殺から守ってくれる石」「出産の危険から母子を守ってくれる石」と信じられていました。この石にはあらゆる否定的な要素を退け、もとに戻してしまうパワーがあります。レッドジャスパーを選んだ人は「私は物事の管理能力をもっと高める必要がある。そして自分が直面すべき葛藤を見つめ、自分自身に対して正直にならなければならない」と感じているのでしょう。

　ジャスパーの力を借りれば、つらいときでも自分を見失うことなく、自分自身を育んでいけます。この石の最大の特徴は、バランスが崩れてしまう前に問題を指摘し、正しい対応を促してくれる点と言えるでしょう。基底のチャクラ（尾てい骨の部分）近くに置いたり宝飾品として身につけたりすると、解毒作用を高めてくれます。

レッドジャスパーはまさに
健康を高めてくれる石です。体力と活力を促し、
美しさと魅力を増大させてくれます。

## ジェット

　ジェットは化石化した木から形成されているため、クリスタルではありません。でも、この石は石器時代から「保護作用のある石」として用いられているのです。この石を生まれたばかりの赤ちゃんのおなかの上に置くと、その子をしっかりと守ってくれます。また不慣れな外国などへ行く際にお守りとして身につけると、その旅人も守ってくれます。さらに、視覚化などの「内的な旅」を行うときもあなたを守ってくれるのです。なお、ジェットには健康を守る効能もあります。

　ジェットを選んだ人は、輪廻転生についてかなり深い知識を持ち、「我が身を守るために一番よい方法は、地球というこの惑星を肌で感じ、その智慧を学ぶことだ」と気づいているのでしょう。ジェットは非常に包容力の強い石で、「身につける人の身体の一部になる」と信じられています。だからこそ、誰かからジェットを譲り受けたら、必ずていねいに浄化をしなければなりません。なお、ジェットをネックレスとして身につけると、管理・指揮能力を高めることができます。

**ジェットには、悪夢やあらゆる種類の邪悪なスピリット、暗闇を撃退する力があります。**

## ラブラドライト

　この石は心霊面での保護作用が高く、オーラを強化し、そのエネルギーを保つ力があります。ラブラドライトの手助けを借りれば、あなたは他の人々の様々な思惑（特にあなた自身に関する勝手な思い込みや無意識的な期待）から身を守ることができるでしょう。この石には、そういった人々のあなたに対する執着や攻撃を抑止する力があるのです。ラブラドライトを選んだ人は「私はスピリチュアルな目的のために生きている。だからその目的を追い続けるために、よけいな悪影響は避けたい」と考えているのでしょう。

　またラブラドライトは、心の衝動やイライラを抑える手助けをしてくれます。この石には、あらゆる否定的なエネルギーや要素（あなた自身にまつわるものも含めて）を追い払うパワーがあるのです。なお、ラブラドライトのネックレスを心臓近くに身につけるか置くかすると、インスピレーションが高まったり、身体の代謝が促されたりします。

**ラブラドライトは、変化を経験する際に持っていると有用な石です。**

## ラピスラズリ

　古代シュメールにおいて、ラピスラズリは「神にゆかりがあるため、身につければ神の保護が受けられる石だ」と考えられていました。また、これはエジプトの女神イシスに関連の深い石としても有名で、「恋人同士の絆を守る力がある」と信じられています。さらに現代においても、インドでは「子供にラピスラズリのネックレスをつけると、その子の健康と成長が約束される」として愛用されているのです。

　この石を選んだ人は「私は、周囲の様々な関心にさらされすぎている。この状態から抜け出すためには、自分自身や周囲からもっと大切にされる存在となり、より健全な考え方を養わなければならない」と気づいているのでしょう。この石は、冷静沈着さや状況に応じて適切な意見を言う能力を促してくれるため、あなたの利益を最大限高めてくれます。なお、この石を喉元につけるようにすると、最大の効果が得られるでしょう。

この石は苦しみや残酷さを撃退してくれます。

## マラカイト

　この石には、危険を持ち主に警告する力があると信じられています。伝説によれば「危険が近づくと、マラカイトは粉々に割れてしまう」と言われているのです。特に、オフィスやオフィスビルの四隅にこの石を置いておくようにすると、財政上の危機を避けることができるでしょう。ただし、これは非常に強い力を持つ石のため、取り扱いには注意が必要です。というのも、マラカイトには否定的なエネルギーも含めた、あらゆる種類のエネルギーを拡大する力があるからです。またこの石には汚染物質を吸収する力もあります。

　とはいえ、マラカイトが一番作用するのは沈滞や不振に対してです。きっとこの石を選んだ人は「最近よく不安や落ち込みを感じてしまうけれど、それに負けることなく、自分を変えながら前進していきたい」と考えているのでしょう。なお、マラカイトは必ず研磨されたものだけを使うようにしてください。この石をおへそに置いたり身につけたりすると、古いトラウマから回復することができるでしょう。

一般的に、マラカイトはネガティブなエネルギーや身体面での危険（特に墜落・転倒）からあなたを守ってくれます。

## オニキス

　オニキスはあらゆる種類の敵からあなたを守ってくれます。特に性的欲求を抑制する力があるため、レイプや一時の情熱に流されたセックスなどを食い止めてくれるのです。オニキスを選んだ人は「私は今、心身共に弱くもろい状態にある。誰からもつけこまれないよう、毅然とした態度を貫かなければならない」と感じているのでしょう。もしかすると、あなたは自分をさらけだすことや期待を裏切られることに怖れを抱いているのかもしれません。

　この石はあなたの秘密を守ってくれます。オニキスはあなたのスタミナを高め、現在の困難な環境を乗り越えるための力を促し、より明るい未来を導いてくれるのです。なお、オニキスを利き手につけると、この石の「秘密を守る」という性質に同調し、節度ある控えめな態度をとることができます。

**オニキスはしっかりとした基礎固めや支援を促す石です。
人生の手綱の引き締めどころを教えてくれる、実に頼りがいのある石と言えるでしょう。**

## スノーフレーク・オブシディアン

　オブシディアンは種類を問わず、非常に保護作用の高い石です。ネガティブなエネルギーを撃退したり、一掃したりする力が秘められています。その中でも、スノーフレーク・オブシディアンはより穏やかな保護作用を持つ石と言えるでしょう。この石は、徐々にあなたの自己分析能力を刺激してくれるのです。この石を選んだ人は、怖れという感情そのものを怖れ、自分自身の否定的な考えに怯えてしまっているのでしょう。あるいは、誰かが悪意を持って自分のスピリチュアルな部分を攻撃していることに気づいているのかもしれません。そういった怖れと向き合ってはじめて、あなたはこの石の保護作用を受けられるようになるのです。

　スノーフレーク・オブシディアンはあなたの自信を高め、大地との結びつきをしっかりと感じさせてくれます。この石を下腹部に置くと、気力や勇気が高まります。この石が濃い色のマントになり、あなたの全身を守ってくれているところをイメージするとよいでしょう。

**この石にはあなたを守り、
否定的なエネルギーを吸収する力があります。**

# あなたの子供を守るための儀式

なかには子供を守る効果にすぐれた石もあります。
先に紹介した12種類の中ではラピスラズリとマラカイトが、またその他にも
アンバーとアゲートがおすすめです。ただし、もしあなたに「語りかけて」くる石があれば、
その石を優先的に用いるようにしてください。
その石こそ、あなたの保護本能を高め、
強力にし、永続的な効果をもたらしてくれるものにほかなりません。

### 必要なもの
- パチョリのエッセンシャルオイル
- 4本の白いろうそく

この儀式はあなたの子供が眠っている間に行うようにしましょう。そうすれば、儀式に集中することができます。子供のベッドの下にクリスタルを置き、その保護とグラウンディングの能力を高めるためにパチョリのエッセンシャルオイルを炊きましょう。4本のろうそくに火をつけ、大地にバランスをもたらす四つの方角を象徴します（ろうそくの火で子供が起きてしまいそうなら、ろうそくなしでこの儀式を実施しても構いません）。

ベッドの下に置いたクリスタルから、光り輝く一個の卵が現われるところをイメージしてください。その卵はどんどん輝きを増しながら大きくなり、あなたの子供のオーラを囲い込んでいきます。その光の卵があなたの子供の全身をすっぽりと包み込み、守ってくれている様子を思い浮かべるとよいでしょう。この卵は、どんな被害や危害、悪意もはねつけることができるのです。さあ、あなたの子供が幸せそうに笑いながら、その卵の中で人生を楽しんでいる様子を思い描いてみてください。その卵の薄い膜が愛やコミュニケーションだけを通し、いかなる害悪も防いでくれている様子をよく確認するのです。そのイメージをできるだけ長い間、いきいきと思い浮かべるようにしましょう。

儀式終了後、クリスタルをベッドの下からとり、ろうそくとエッセンシャルオイルの火を消してください。子供の洋服やベビーカー、その他の持ち物に儀式で用いたクリスタルを軽く当てて、さらなる保護をお願いしてもよいでしょう。この儀式は好きなときにいつでも実施することができますが、クリスタルはそのつど浄化するようにしてください。なお、子供の部屋にはマラカイトのような「強力な」クリスタルを置かないよう気をつける必要があります。

4本のろうそくは東西南北を象徴しています。

# クリスタルのスピリットの守りを高める視覚化

仕事であれプライベートであれ、あなたを脅かすような人物や状況に立ち向かう場合は、この視覚化エクササイズを実施するとよいでしょう。
この視覚化によって、あなたは自分自身の保護能力を高め、
「私にはクリスタルという心強い味方がいる。
人にはわからないレベルでクリスタルが守ってくれている」と確信することができるのです。

1　これは「プロテクション・クリスタルの選び方」（102ページ参照）を応用した視覚化です。同じものを用意し、入浴を済ませ、音楽をかけましょう。お香を焚くならパチョリが最適ですが、ラベンダー、フランキンセンス（乳香）、パイン、ローズも保護能力にまつわる香りであるため、あなたの「同調」を手助けしてくれます。

2　正面にあなたのプロテクション・クリスタルを置き、四隅を4本のろうそく（東西南北の象徴）で囲みます。このとき使用するクリスタルは大きめのもの（ピラミッド、ワンド、クラスター、ボールなど）がよいでしょう。リラックスした状態になり、クリスタルに映し出されるろうそくの炎をじっと見つめてください。

3　そのクリスタルから天使が現われるところをイメージしてみましょう。その天使に姿かたちを与えてみてください。天使はより輝きを放ちながら、人間くらいの大きさにどんどん成長していきます。その姿をできるだけ詳しく思い描くようにするのです。さあ、天使の顔を見て、もし可能なら話しかけてみてください。天使はあなたをあらゆる攻撃や悪意、否定的影響から守るための剣や武器を手にしています。そのことをしっかりと意識しましょう。その武器はネガティブなものに対してだけ有効です。邪悪な者たちを撃退しますが、その他の人々に害を及ぼすことはありません。最後に、天使に「いつまでも私のそばにいて守り続けてください」とお願いしてみましょう。姿は次第に消えていきますが、その天使はずっとあなたのそばにいます。そのことを心に刻みつけてください。必要なときはいつでも、そのプロテクション・クリスタルから保護作用を引き出すことができるのです。

ピラミッド型のクリスタルは、
先人の智慧のパワーを象徴しています。

# 自分の守りを固めるための儀式

ここで紹介するのは、あなたのオーラを強化し、保護能力を高めるためのエクササイズです。
この儀式の狙いは、大地のパワーとプロテクション・クリスタルのパワーを融合させ、
あなたのオーラを高める「発生機」を生み出すことにほかなりません。
自分のプロテクション・クリスタルを何個か購入し、
「仕事用」「家用」「装身用」などの用途別に使い分けるようにするとよいでしょう。
クリスタルを身につければ、保護能力を全般的に高めることができます。
また見えるところにクリスタルを置いておけば、さらに強力な保護効果が期待できるのです。

> **必要なもの**
> ●パチョリ、またはラベンダー、パイン、フランキンセンス（乳香）、ローズのお香スティック ●ミネラルウォーターをたっぷりとついだワイングラス ●オレンジ色か金色のろうそく ●6メートル程度の長さの、濃い色のリボン（あなたにとっての「安全」を象徴しています。お気に入りのテディベアなど、あなたの安心感を高めてくれるもので代用しても構いません）。

私たちの多くは怖れや脅威を感じると、不幸な気分になったり前進できなくなったりしてしまいます。そうならないためにも、ぜひこのエクササイズを実践してみてください。これは穏やかな時間を過ごすことで、あなたに細心の注意を促す儀式なのです。まず郊外や公園などに散歩に出かけ、平たくて大きめの石（12センチ四方程度）を探して持ち帰ってきてください。その石を流水にさらすか、1時間ほどミネラルウォーターに浸かして浄化したあと、自分のそばに置いておくようにしましょう。

おふろに少量のラベンダーオイルを入れ、ゆっくりと入浴してください。このとき南（火を象徴する方角）に火をつけたろうそくを、北（地を象徴する方角）に先の石を、東（風を象徴する方角）にお香を、西（水を象徴する方角）に水が入ったワイングラスを置くようにしましょう。ちなみに、これは何世紀も前からオカルト信仰者が採用しているやり方です（南半球に住んでいる人は南北を逆にして行うこと）。さらに、プロテクション・クリスタルをすぐ手に取れる場所に用意し、自分の体にリボンを巻き付けます。

石の方に向いて「大地のパワーが私のクリスタルに宿り、すべての身体的な悪影響から守ってくれますように」と唱えてください。体力と保護能力を高めるパワーが、あなたのプロテクション・クリスタルに吸収されていくところをイメージしましょう。次に、お香の方を向き「風のパワーが私のクリスタルに宿り、すべての精神的な悪影響や非難・悪口から守ってくれますように」と唱えてください。明るく純粋な考えと「奮起」を促すパワーが、あなたのクリスタルに吸収されていくところをイメージしましょう。今度は、ろうそくの方を向き「火のパワーが私のクリスタルに宿り、スピリチュアル面での保護や勇気、エネルギーを与えてくれますように」と唱えてください。あなたのクリスタルが内なる炎を吸収し、明るく輝くところをイメージしましょう。最後に、ワイングラスの方を向き「水のパワーが私のクリスタルに宿り、心と感情を守り、癒しを促してくれますように」と唱えてください。あなたのクリスタルが、子宮の羊水のように穏やかな水で満たされていくところをイメージしましょう。

再び石の方に向き、その上にあなたのプロテクション・クリスタル（複数でも可）を重ねます。その無敵のクリスタルからエネルギーが放たれ、あなたのオーラを強化していくところをイメージしてください。あなたのオーラは強烈に高められ、邪悪なものをすべてはねつけられるようになっていくのです。

儀式終了後はろうそくの火を消し、ワイングラスの水を大地に戻し、リボンを大きな石にかけるようにしましょう。大切にとっておけば、次の儀式にも使うことができます。全身を軽く叩いて、意識を現実に戻してください。プロテクション・クリスタルは適切な場所に保管するようにしましょう。自分の保護能力を高めたくなったときはいつでも、そのクリスタルを見つめ、自分に向かってエネルギー光線が放たれている様子をイメージするようにしてください。あなたはあらゆる方向から、あらゆる方法で守られているのです。

儀式の効果を高めるために、
おふろにラベンダーオイルを数滴たらすようにしましょう。

# あなたの瞑想スタイル

瞑想（メディテーション）は「変性意識状態」を高めてくれます。
この状態になると、インスピレーションや直感を得やすくなったり、
宇宙との一体感を感じたりすることができるのです。
その結果、非常に大きな癒しや高揚感が得られることは
言うまでもありません。

こういった意識状態に陥ることに何ら不思議はありません。たとえば空想にふけっているとき、人はいつでもこの種の意識状態にあります。ただ私たちがその状態の持つパワーに気づいていないだけなのです。さらに、瞑想には「視覚化」および「自分の内面への旅」が必要になります。それらを習慣づければ、とかく慌ただしいこの世の中で、大きな癒しを得ることができるのです。

　メディテーション・クリスタルは、あなたの魂が現実世界から離れて、遠くにある穏やかな世界（「アストラル界」と呼ぶ人もいます）に移動する手助けをしてくれます。オカルト信仰者たちは、このアストラル界を「想像力が最も強力な手段となる世界」であると考え、「私たちの望むものはまずこの世界で生み出されたあと、一般社会に転送されることになる」と唱えています。メディテーション・クリスタルの力を借りれば、鮮やかな視覚化を通じて、自分の本当の望みを効果的に見きわめられるようになるのです。

　「私は視覚化がうまくできない」と心配する必要はありません。瞑想で心の落ち着きと穏やかさを得られるようになるにつれ、私たちの視覚化の能力も自然とアップしていくものなのです。

# チャクラについて

瞑想には、チャクラについての知識が欠かせません。
チャクラとは、霊体（人の肉体と同じ場所に存在する
アストラル体）における中枢器官のことです。
なかには意識的に肉体を離れ、霊体が存在する
アストラル界を自由に旅することができる人もいます。
ちなみに、私たちも夢を見ているときは
これと同じ状態にあるのです。
深い瞑想状態に入ることは、
アストラル界を旅することと同じと言っても
過言ではありません。

　瞑想をするにつれ、あなたのチャクラ（エネルギーの中心点）は活性化されていきます。このとき、チャクラと密接に結びついているクリスタルを活用すれば、その活性化をさらに高めることができるのです。チャクラには7つの主要なポイントがあります。それらは、私たちの体の頭頂部、眉間、喉、胸、みぞおち、下腹部、尾てい骨に位置しているのです。

　基底のチャクラの「赤」から始まって、7つのチャクラはそれぞれ虹の色に対応しています。そしてほとんどの場合、そのチャクラの色に相当するクリスタルが「適切な石」となるのです。この本ではチャクラを開くための諸注意は省略していますが、瞑想にクリスタルを用いる際には、くれぐれもどのチャクラを開くかしっかりと意識するようにしてください。というのもエクササイズ終了後、開いたチャクラを閉じることが非常に大切になってくるからです。もしこれを怠ると、エネルギーが枯渇したような感じを覚えたり、肉体・霊体のどちらも好ましくない影響にさらされたりすることになってしまいます。チャクラをしっかりと閉じるためには、花が固い蕾に戻るところをイメージする、心の中でチャクラを閉じるための言葉を強く唱える、エクササイズ終了後何かを飲食するなどの方法をとるとよいでしょう。

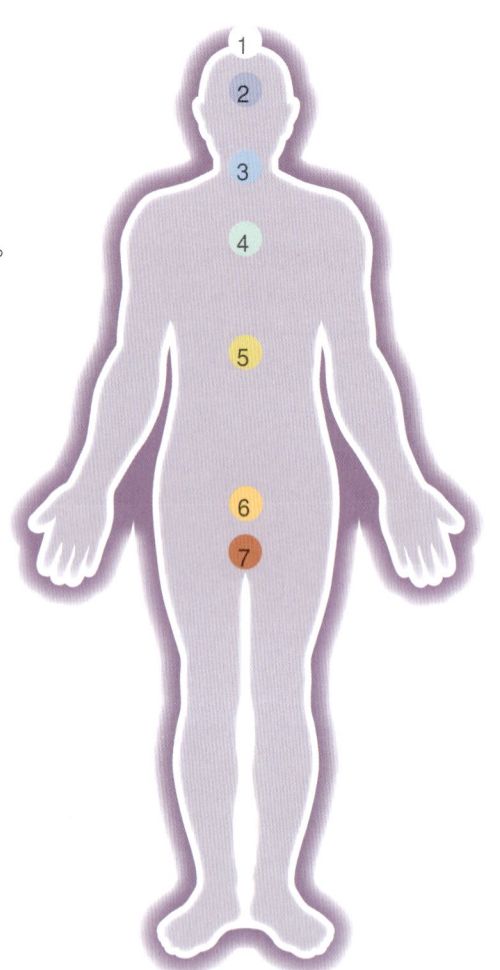

1：宝冠のチャクラ、2：第三の目のチャクラ、3：喉のチャクラ、4：心臓のチャクラ、5：太陽神経叢のチャクラ、6：仙骨のチャクラ、7：基底のチャクラ

　基底のチャクラは排泄器官（生殖器を含む場合も有）と関連し、生命力に強い関わりを持っています。仙骨のチャクラは生殖器と関連し、親密感・根深い感情と関わっています。また太陽神経叢のチャクラは中枢神経系と消化器系に関連し、自意識や創造性と関わっているのです。

　心臓のチャクラは心臓とそこにつながるすべての器官と関連し、愛・思いやり・共感に強い関わりを持っています。喉のチャクラは言語中枢と関連し、コミュニケーション能力と関わりがあります。また眉間にある第三の目のチャクラは脳や自律神経などと関連しています。最後に、宝冠のチャクラは神や真の悟りと関わっているのです。

# メディテーション・クリスタルの選び方

「メディテーション・クリスタルを選ぶ」という行為自体が、強力な瞑想にほかなりません。誰にも邪魔されない静かな場所に移動し、次にあげるクリスタルの中から、あなたのメディテーション・クリスタルをじっくりと選びましょう。

### 必要なもの
- 12種類のメディテーション・クリスタル（アメジスト、アメトリン、ゴールデンベリル、アズライト、グリーンアゲート、クリソコーラ、クリアクォーツ、セレスタイト、セレナイト、ブラックオブシディアン、ソーダライト、ロードクロサイト）
- 紫、またはすみれ色のろうそく

### 視覚化メソッド

誰にも邪魔されない場所に移動しましょう。紫、またはすみれ色のろうそくに火をともしたら、そのまわりを12種類のメディテーション・クリスタル（またはその代用品）で囲んでください。座るか横になるかして、全身の力を抜きましょう。リラックスし、自分の呼吸をよく意識してください。心の中で、豊かな自然に恵まれた、お気に入りの実在の場所を思い浮かべてみてください。静かな森林地帯、湖のほとり、荒磯などどんな場所でも構いません。できるだけ長い間、そのイメージを思い描くようにしましょう。

その穏やかな場所に洞穴の入り口が見えてきます。さあ、その中に入ってみてください。その洞穴の奥には光がともっています。あなたのろうそくの火と似ていますが、もっと明るくまぶしい色の光です。その光のまわりに、クリスタルのスピリット（魂）たちの姿が見えます。神々しい光に包まれ、きらきらと輝きながら一群のスピリットたちが集っているのです。

自分を案内してくれるよう、そのスピリットたちにお願いしてみましょう。自分から勝手に動いてはいけません。じっと待っていれば、やがて一人のスピリットがあなたの手をとり、内面の旅へと連れていってくれます。そのスピリットこそ、あなたのクリスタルのスピリットにほかなりません。さあ、そのスピリットと一緒に内面の旅を楽しんでください。旅が終わったらスピリットに感謝し、ふだんの意識に戻りましょう。

エクササイズ中に体験したことを専門ノートに記録するようにしてください。もしうまく視覚化できないようなら、うまくできるようになるまで何度もこのメソッドを繰り返すようにしましょう。

心に描かれた場所の平和な光景、音、匂いを思う存分楽しみましょう。

# メディテーション・クリスタルの意味

## アメジスト

　この美しい紫色の石は、大きな保護作用とスピリチュアルな力を持っています。この石を選んだ人は、すでにより高次の意識に同調しているのでしょう。あるいは「そうなりたい」と強く望んでいるのかもしれません。アメジストは第三の目のチャクラと関連の深い石です。その部分に置くと知覚力が開かれます。これは、あなたをスピリチュアルな領域へと優しく導き、アストラル界のインスピレーションへ直結してくれる石なのです。

　アメジストを用いて瞑想をすると、アストラルトラベル（魂の旅）が促進されます。またこの石を枕の下に置いて眠ると、穏やかな夢と共に幽体離脱が促されるのです。アメジストを選ぶのは「私はすでに奥深い理解や深淵な心の落ち着きを体験している。でもできることなら、スピリチュアルな領域をもっと探検してみたい」という気持ちの表れと言えるでしょう。

この石は智慧をもたらすと同時に、
スピリチュアル面での侵入を防ぎ、
否定的なパワーを愛に変えるガーディアン
（守護者）の役割も果たします。

## アメトリン

　アメトリンは、大地の熱によってアメジスト内部にシトリンが混じってできたクリスタルです。それゆえ、この石はアメジストの持つスピリチュアルな性質と、シトリンの持つ知的な明晰さをもたらしてくれます。この石を選んだ人は「自分の直感に知性を結びつけたい。そしてそれによって生じる創造性をこの世界で活かしたい」と考えているのでしょう。

　アメトリンを太陽神経叢のチャクラに置くと、表面的なものに隠れてしまっている奥深い問題を引き出し、それを明確に表現できるようになります。結果的に、その問題を探るという重荷や苦労から解放されるのです。なお、アメトリンを用いて瞑想をすると、自分の性質に関する矛盾を見きわめ、女性性と男性性を統合することができます。

アメトリンを選ぶのは
「智慧の源泉や宇宙的な愛を引き寄せ、
自分の人生を適切にコントロールしたい」
という気持ちの表れです。

## ゴールデンベリル

　これは「予言者の石」と呼ばれ、クリスタルボールによく使われる石です。エリザベス朝の魔術師として名高いジョン・ディーも、ベリルでできたクリスタルを用いていました（現在そのクリスタルは大英博物館に保管されています）。これは、特に水晶占いを行う際に役立つ石と言えるでしょう（水晶占いのやり方は124ページを参照）。ゴールデンベリルは、宝冠と太陽神経叢のチャクラに関連があります。この石を選んだ人は「ストレスとは無縁の生活を送りたい。ささいなことに煩わされることなく、もっとスピリチュアルなことを優先させ、それらに集中できる生活を送りたい」と考えているのでしょう。

　この石はみぞおちに置くと、深いリラックス感をもたらします。また頭頂部に置くと集中力が高まり、深い洞察力を導いてくれるのです。ゴールデンベリルを選ぶのは「自分の人生の中で本当に大切なものは何か、その優先順位をきちんとつけて明らかにしたい」という気持ちの表れにほかなりません。

ベリルは優先順位をつける能力を高めてくれます。また想像力を刺激し、アストラル界における創造を促す効果もあるのです。

## アズライト

　これはアストラルトラベルを促し、チャネリングの手助けとなる石です。チャネリングとは、肉体を離脱した魂から、肉体を持つ存在の声や心を経由して情報が伝えられるプロセスを意味します。つまり、チャネリング能力のある人は、意識の介入なしに宇宙の声をそのまま言葉で伝えることができるのです。アズライトを選んだ人は「より高いレベルのコミュニケーションがしたい。チャネリングという形でなくてもよいから、何らかの方法で自分のスピリチュアル面での伝達能力を高めたい」と考えているのでしょう。

　アズライトの力を借りれば、古い思い込み（特に怖れや恐怖症）を手放すことができます。結果的に高次のレベルを理解し、悟りの境地へ前進することができるのです。瞑想をする場合、この石を喉、または第三の目のチャクラの上に置けば、よりよい効果が得られるでしょう。

アズライトを選ぶのは、
新たな現実を求めている証拠です。

## グリーンアゲート

　アゲートは自然界および地球と強力なつながりを持つ石です。グリーンアゲートを選んだ人は、自然の中にある神性を十分に意識し、木々や植物との交流を通じてトランス状態に入ることができるのでしょう。あるいは「そういった能力をもっと高めたい」と考えているのかもしれません。

　この石を心臓のチャクラに置いて瞑想をすれば、地球上のすべての生命に対する愛と思いやりを深めることができます。結果的に、あなた自身が癒され活力を得られることは言うまでもありません。この石は安定性とバランスを促してくれます。精神面でのトラウマに悩んでいる人でも、この石の助けを借りれば大局的な視点に立って現状を見つめ直し、安心感を覚え、前向きな姿勢で人生を歩んでいけるようになるのです。

グリーンアゲートを選ぶのは
「自分の意思決定力を改善し、
問題に対する実質的な解決策を見つけたい」
という気持ちの表れと言えるでしょう。

## クリソコーラ

　これは鎮静効果のある石です。非常に流動的な状況に置かれても、この石の力を借りれば内面の平和を保つことができるでしょう。クリソコーラを選んだ人は「自分の中にある魂の神髄とやりとりしたい。そうすることで不安定で落ち着かない状態を解消したい」と考えているのでしょう。あるいは、あなたは「変化がチャンスを生む」という考えを信奉し、流れに身を任せることができる人なのかもしれません。

　クリソコーラを心臓のチャクラに置くと、悲しみを癒し、新たな流れに身を任せる意欲を身につけることができます。また喉のチャクラに置くと、コミュニケーション能力を改善すると同時に、沈黙を守るべきときを見きわめる冷静さも高めてくれるのです。なお、罪悪感を引きずっている人は、この石を心臓のチャクラに置いて瞑想をすると、自分自身を許せるようになります。

クリソコーラを選ぶのは、
安定性と穏やかさを求めている証拠です。

## クリアクォーツ

　これは、知識と智慧を可能な限り最高次のレベルまで高めてくれる石です。クリアクォーツを選んだ人は「真理を探究したい。根本的な疑問に答えを出したい」と望んでいるのでしょう。クォーツは、心身両面でのあなたのエネルギーを増大してくれます。どのチャクラに置いても、その利点を享受することができるのです。またこの石にはチャクラを調和させ、幽体のエネルギーの流れを調節し、心・感情・スピリット面での穏やかさ、注意深さ、明晰さを自然に促す力があります。

　クリアクォーツには、現世や過去世での埋もれた記憶を解き放つ力もあります。この石の力を借りれば、あなたは心霊力や意識をより高めることができるのです。

クリアクォーツを選ぶのは
「心霊力を集中的に高めるだけでなく、
注意散漫な状態をなくし、バランスを保てる
ようになりたい」という気持ちの表れです。

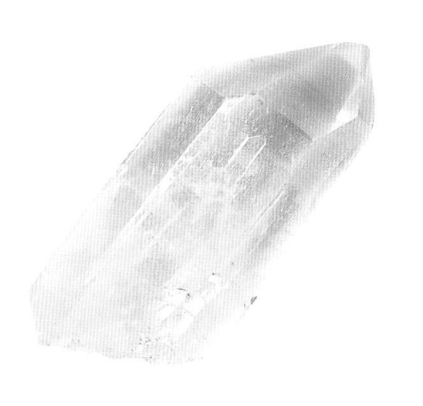

## セレスタイト

　エンジェライト同様、この石もニューエイジへの「気づきの石」の一つです。セレスタイトを保管するときは、石の繊細な色が消えてしまわないよう、太陽光を避けるようにしてください。この石はスピリチュアルな能力を高めるのに有効です。この石を選んだ人は「スピリチュアリティの新たな形を探求したい。そのための後押しが欲しい」と感じているのでしょう。セレスタイトには、普遍のエネルギーへの接続を開く、アストラルトラベルを促す、夢を思い出しやすくするといった力があります。その一方で、この石には穏やかさと力強さをもたらす力もあるのです。

　特に、セレスタイトを第三の目のチャクラの上に置くと、宇宙の智慧に同調することができます。この石を選ぶのは「俗世間の悩みから解放されたい」という気持ちの表れにほかなりません。セレスタイトの手助けにより、あなたは自分の直感と知性を結びつけ、自分自身の進むべき道を確信したり、穏やかで明瞭なコミュニケーションがとれるようになるのです。

セレスタイトは部屋のどこに置いても、
振動を高めることができます。
まさに、グループで行う瞑想にうってつけの
石と言えるでしょう。

## セレナイト

　これは非常に高い波長を持った石です。水に溶けてしまう性質があるため、くれぐれも浄化に水を用いないようにしてください。セレナイトは深い静けさをもたらし、天使とのコンタクトを促してくれます。この石を選んだ人は過去世や来世に強い関心を抱き、本能的に「正しい方向に向かって進みたい」と願っているのでしょう。この石の力を借りれば、自分が現世における課題をきちんと果たしているかどうか、直感的に確認することができるのです。

　またこの石を選んだ人は、メッセージをもたらす天使の存在に気づき、「彼らを励ましたい」と望んでいるのかもしれません。セレナイトを宝冠のチャクラに置くと、スピリチュアルな力を高めることができます。それゆえ、この石を選ぶのは「自分の霊性を高めたい」という気持ちの表れと言えるでしょう。

セレナイトは、特にこの石を携帯している人同士のテレパシーを促します。

## ブラックオブシディアン

　これは非常に強力な石です。ブラックオブシディアンを用いるときは、慎重に慎重を期さなければなりません。この石には奥深い真実を探り出す力があるため、問題が掘り起こされたり現状が変わったりしてしまう危険性があるのです。本当に今の自分に必要かどうかよく確認してから、この石を使うようにしましょう。ブラックオブシディアンを選んだ人は「私は自分自身と向き合わなければならない」と考えているのでしょう。あるいは「ある記憶と向き合えば、自分のスピリット面を高めることができる」と感じているのかもしれません。

　この石の力を借りれば、否定的なものを肯定的なものに変えてしまったり、力と保護作用を高めたりすることができます。この石を太陽神経叢のチャクラに置けば、身体に穏やかなエネルギーが促され、グラウンディングの効果を高めることもできるのです。また水晶占いにオブシディアンを用いれば、予言がもたらされるでしょう。ただし、くれぐれも扱いには注意しなければなりません。

この石を選ぶのは、
勇気と前進する意欲を求めている証拠です。

## ソーダライト

　ソーダライトは瞑想状態を深め、真実や理想を求める意欲をもたらしてくれる石です。この石を選んだ人は「固定観念を手放したい。そしてもっと理性的な立場から、自分の新たな信念を構築したい」と感じているのでしょう。ソーダライトには独断的態度や視野の狭さを一掃し、直感的理解と客観性を促す力があるのです。

　第三の目のチャクラにこの石を置くと、今自分が人生でどんな状況に置かれているか、真の意味で理解することができます。またこの石には自信や自尊心を高める力があるため、自分が信じる道を自分自身で実践できるようになります。さらにこの石の導きにより、あなたはよけいな判断を下したり罪悪感を覚えたりすることなく、自分の好ましくない点や影の部分を受け入れられるようになるのです。

この石を選ぶのは
「先入観や洗脳から解放されたい。
そして自分独自の神とのつながりを発見したい」
という気持ちの表れと言えるでしょう。

## ロードクロサイト

　この石は心臓のチャクラが開くのを助け、信頼や愛情を高めてくれます。ロードクロサイトを選んだ人は「もっと自分の潜在意識からインスピレーションを得て、芸術性や創造性を高めたい」と望んでいるのでしょう。もしくは虐待されたり傷つけられたりした経験があり、「この傷を癒すにはその記憶の根源にたどりつき、宇宙の愛に置き換えることで、その記憶を手放すしかない」と気づいているのかもしれません。そのためにはこの石を太陽神経叢か基底のチャクラに置き、リラックスした状態になるとよいでしょう。

　ロードクロサイトの導きにより、あなたは自分のあらゆる感情を自然なものとして受け入れられるようになります。この石を選んだということは、あなたが瞑想に抵抗感を感じている証拠です。あるいは「もっとスピリチュアルな世界に関わり、活動的で皆から愛される存在になりたい」という強い願望を抱いているのかもしれません。

これは非常に前向きな石です。
またセックス時のスピリチュアルな体験を高め、
セックスの神聖さを認識させる力もあります。

# 水晶占いの視覚化

たとえば水を張ったボウルのように、
反射面を持つものならどんなものでも水晶占いに用いることが可能です。
とはいえ、実際のところ、水晶占いとは「クリスタルの中に像を見ること」にほかなりません。
その反射面をじっと見つめるにつれ、あなたは自分の潜在意識のイメージに同調し、
何かを明らかにしたり予言したりできるようになります。
メディテーション・クリスタルを使えば、
この水晶占いをより効果的に実施することができるのです。

> **必要なもの**
> ● ろうそく ● フランキンセンス（乳香）かサンダルウッドのエッセンシャルオイル

水晶占いは厳粛な儀式です。あなたが高揚感や力強さを感じているときに実施するようにしましょう。落ち込んでいるときに実施すると、ネガティブなイメージを自ら招いたり、イメージをことさら悪く解釈してしまう危険性があります。水晶占いを行う前にはおふろに入るか、シャワーを浴びるかしてください。できれば、スピリチュアル面の浄化につながるラベンダーの石鹸を使うとよいでしょう。自分が汚れなく、冷静で、守られていることをしっかりと確認してください。あなたを守ってくれる光の輪が自分を取り囲んでいるところをイメージするとよいでしょう。

水晶占いは暗くした部屋で行うのが一番です。ろうそくに火をつければ、より瞑想の気分を高めることができるでしょう。「クリスタルの中に浮かぶイメージが見やすくなる」という理由から、好んでろうそくを使う人もいます。さらにおすすめなのが、月の光の中で行うやり方です。気分を高揚させる効果のある、フランキンセンスかサンダルウッドのオイルを炊くようにしてください。

リラックスした気分で座り、クリスタルを膝の上に置くか、あるいは正面の平らな場所に置くかします。クリスタルの形は大きいほどイメージを見つめやすくなります。一番理想的なのはよく使い込んだ水晶球ですが、小さくて手触りのゴツゴツしたクリスタルでも水晶占いは可能です。非常に小さい石を使う場合は、水を張ったボウルの横にその石を置くようにするとよいでしょう。そうすれば、ボウルの水に反射するイメージを活用することができます。

何か質問したいことがあるなら、この瞑想を始める前に、その質問をハッキリと心の中で問いかけるようにしてください。そのうえで、夢を見ているような状態に入りましょう。ほとんど寝てしまいそうなくらいの状態です。でも疲れを感じているのではありません。その状態のまま、別の世界を覗いているかのような気分で、クリスタルの表面を見つめてください。しばらくすると、あなたにはイメージが見えてきます（この状態を「実際の目で見ているような感じがする」と言う人もいれば、「心の目を通じて見ているような感じがする」と言う人もいます）。もしかすると何も見えないかもしれません。でもあなたにメッセージを伝えるため、メディテーション・クリスタルが様々な方法をとっている可能性が考えられます。音、感触、味、匂いなどにも細心の注意を払うようにしてください。

エクササイズ中に感じたこと、心によぎったことはすべて、専用ノートに記録しておくようにしましょう。意味のわからないことがあっても、あとでその意味が明らかになる場合もあり得ます。ときには警告的なイメージを目にすることもあるかもしれませんが、常に前向きな解釈を心がけるようにしてください。たとえば「どくろ」のイメージは「先祖代々の智慧」を意味します。

水晶占いを終了したら、あなたのクリスタルにキラキラと輝くきれいな水が降り注ぎ、不純物を浄化していくところをイメージしてください。黒いベルベットの布でクリスタルを包み、安全な場所に保管しておきましょう。全身を軽く叩いて日常の意識に戻ったかどうかチェックし、さらに自分を守っていた光の輪のイメージが消えるのを確認してください。足踏みをして大地と再びつながり、水かお茶を飲みましょう。なお、この水晶占いを定期的に行うようにすると、それだけあなたの能力を高めることができます。

水晶占いの視覚化 125

クリスタルの中を見つめると、隠れた知識が現われます。

# クリスタルの天使と
# やりとりするための視覚化

ここで紹介するのは、あなたのクリスタルの中にいる天使（スピリット）と
やりとりするための視覚化です。このエクササイズの目的は、
あなたが自分のメディテーション・クリスタルとさらに奥深く、より親密な絆を結ぶことにあります。
このエクササイズを通じて、あなたはクリスタルの天使を「友人」「守護者（ガーディアン）」として
だけでなく、自分の人生を導いてくれる「先生」として見つめられるようになるでしょう。

あなたのクリスタルの中にある、まったく新しい世界を見つけ出してください。

このエクササイズを行うときは「水晶占い」のときと同様、前もって入浴を済ませ、エッセンシャルオイルを炊いて心構えを整えましょう。心身共にリラックスできる場所に移動し、心を落ち着けてください。正面の見える場所にあなたのメディテーション・クリスタルを置き、自分の内面の世界に入っていきます。ここからの手順をあらかじめテープに録音しておいて、その指示に従うようにするとよいでしょう。

日が沈み、ひんやりとした空気が漂いはじめたところをイメージしてください。すみれ色の空には、真っ白い新月が煌煌と輝いています。あなたは自分が美しい山のふもとに立っていることに気づきます。他には誰もいません。そばにいるのは、あなたのメディテーション・クリスタルだけです。あなたはそのクリスタルを指で触り、なめらかな感触を楽しみます。すると、目の前の山に階段が現われます。あなたはゆっくりと、でもしっかりした足取りで、その階段をのぼり始めます。

階段をのぼるにつれ、あなたの周囲や背後に夢まぼろしのような光景が現われ始めます。さらに上に行くにつれ、空気が澄んできれいになっていくのがわかります。とうとう階段の終点にたどりついたあなたは、そこに山に通じるドアがあることに気づきます。ドアには銀色のノブがついています。さあ、そのノブをゆっくりと回し、中に入ってみましょう。

目の前に、息をのむほど美しい部屋が広がっています。周囲の壁はすべてクリスタルでできていて、きらきらと輝き渡っています。そう、その部屋全体がクリスタルでできているのです。天井も高く、部屋はどこまでも続いているようです。よく見ると、かすかな一つの光が、その部屋のすべてのものを照らし出しています。あたりには優しい音楽が流れ、心地よいお香の香りが漂っています。さあ、全身でそのすばらしい部屋の雰囲気を感じとってみてください。

部屋を進んでいくにつれ、光がどんどん大きくなっていきます。その光をじっと見つめているうちに、あなたはその光の力強いパワーと美しさが自分めがけて放たれていることに気づきます。そう、その光こそ、あなたのクリスタルの天使にほかなりません。その天使は、あなたが一番「好ましい」と思う姿かたちになって現われます。

さあ、心を込めてその天使のことを迎え入れましょう。そのあと、自分が訊ねたかったことを天使に訊き、その答えに注意深く耳を傾けてください。もし天使がこちらの質問とは関係のないことを答えたとしても、よく聞きとるようにしましょう。ひょっとすると、天使はあなたに贈り物を渡してくれるかもしれません。それは「愛」や「勇気」のように抽象的なものの場合もあれば、「本」のように現実的なものの場合、あるいはもっと象徴的なものの場合もあります。どんなものであれ、その贈り物を大切に受け取り、お礼を言いましょう。そしてあなたが「お返しに適切だ」と思う贈り物（たとえば愛情のこもった抱擁など）を天使に渡してください。そのあと、天使と好きなだけ一緒の時間を過ごすようにしましょう。

心の準備ができたら、天使に感謝の念を伝えてその部屋をあとにし、山のふもとまで下りましょう。ふもとに着いたら、意識を日常に戻します。全身を軽く叩いて、ちゃんと現実世界に戻っているかどうか確かめてください。そのあと一杯の水かお茶を飲むようにしましょう。今のエクササイズで体験したことをすべて、専用ノートに記録するようにしてください。

このエクササイズを繰り返し、天使に会う回数が増えるにつれ、あなたはクリスタルのスピリット（魂）により強く結びつくようになっていきます。これは、あなたが平和、智慧、そして奥深い知識を得る手助けをしてくれるエクササイズなのです。

# あなたの人生に
# コードを活かそう

クリスタルを活用すれば、あなたの人生を様々な形で高めることができます。
クリスタルを自宅で用いれば、あなた自身の幸福感が高まります。
またクリスタルでマンダラをつくれば、あなたの心理面に力強さが促されます。
さらに、クリスタルを活用すれば夢をよく見るようになったり、
人生の節目を滞りなく迎えられるようになったりするのです。

苦労して選び出した8つの石こそ、あなたの人生を高めてくれるクリスタルにほかなりません。前述のとおり、自分の直感の導きに従いながら、それらのクリスタルとつき合うようにしましょう。もし「このクリスタルはこの場所に置くといいような気がする」「こんな並べ方がいいかもしれない」、あるいは「8つのクリスタルをすべて携帯したい」と感じたら、その自分の直感に従うようにしてください。

　大切なのは「時が経つにつれ、物事も事情も変わっていく」という事実を忘れないことです。あなたに効果をもたらすクリスタルも、当然その時々によって変わっていきます。もしクリスタルを変えたくなったら、一つずつ、徐々に変えるようにするとよいでしょう。そうすれば、新しく選んだクリスタルの効果をよく見きわめることができます。

　クリスタルの方があなたに変化を「促す」場合もあります。ときには、あなたのクリスタル活用法についてアドバイスしてくれることもあるのです。たとえば「あの人に渡してほしい」と訴えかけてくる石もあります。こういった場合、その相手はあなたよりもその石のことを必要としているのです。その石を相手に与えれば、あなたは喪失感を覚えてしまうかもしれません。でも残りの石たちが、その喪失感をきちんと埋めてくれるのです。

　この最終章では8つのクリスタルを活用し、あなたの意識を拡大するためのエクササイズを紹介したいと思います。指示に従ったり、ときには試行錯誤を繰り返したりしながら、あなたのクリスタルを大いに活用してみてください。

# クリスタルのマンダラ

マンダラは、一体感を象徴する円形のパターンです。
分析心理学者カール・ユングは
「マンダラは自己認識の成長を促す力強いシンボルにほかならない。
この中には、人間心理の完全性が完璧なバランスで表現されている」と唱えました。
つまり、マンダラは人の感情・身体感覚・思考・スピリチュアリティが
完全に調和された状態を象徴しているのです。
私たちがその状態に到達するのは至難の業と言えるでしょう。
でも、マンダラは私たちの本能レベルにインスピレーションを与え、
この状態を促してくれるのです。

あなたの8つのクリスタルをマンダラの形に並べてみましょう。そうすれば、自分の潜在意識に「内面におけるバランスを整え、さらに自分を取り巻く外界とのバランスも整えるようにしなさい」という強烈なメッセージを送ることができます。クリスタルをマンダラの形に並べること自体、心に穏やかさをもたらすための小さな儀式なのです。

一番よいのは、同じサイズのクリスタルを揃えてマンダラをつくることです。たとえばとびぬけて大きい石があったり、タンブルクリスタルの中に一つだけ不揃いな形（ワンド、ボール、ピラミッドなど）の石があったりした場合、マンダラをつくっても満足のいく効果を得ることはできません。さらにマンダラをつくるためには、散歩などに出かけた際に「なんとなく魅かれる」と思う石（または大きめの小石）を見つけることが必要です。この石をマンダラの真ん中に置くことになります。あるいは、真ん中に置く石としてペアのボージャイストーン（グラウンディングを促してくれる強力な石）を用いることも可能です。ただし、ボージャイストーンは入手するのがかなり難しいでしょう。もう一つ、真ん中に置く石としておすすめなのはスタルロライトです。十字形であることから、この石は四つのエレメント（地、風、火、水）のバランスを象徴していると考えられています。

伝統的に、オカルト信仰者は儀式を行う際、もう一つのマンダラの形である「マジックサークル」を使っています。これは、円のまわりに四つの方角とそれに相当するエレメント（北は地、東は風、南は火、西は水）が記されたものです。なお南半球の場合、太陽（通常「火」に関連があると考えられている）が北の空に来るため、地と火のエレメントの位置が逆になります。クリスタルでマンダラをつくる際には、この四つのエレメントとの関連性を考慮することも大切と言えるでしょう。なかには、特定のエレメントと関係の深い石もあるからです。とはいえ、これらはあくまで参考知識に過ぎません。もし特に魅力的に感じる並べ方やパターンがあれば、そのあなたの直感に従うようにしましょう。おそらく、そのパターンはあなたにとって特別な意味をもつものにほかなりません。

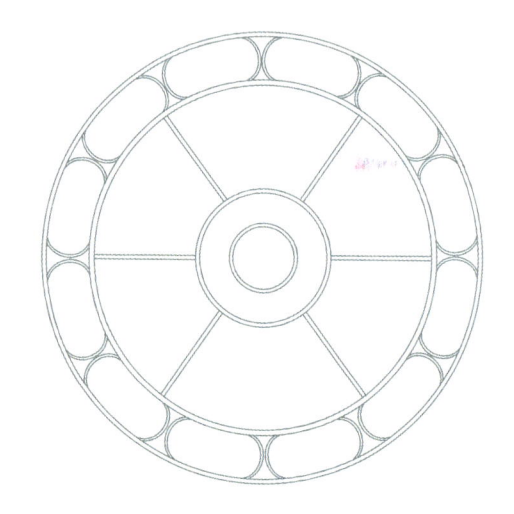

円形のパターンはバランスと一体感を示しています。

# クリスタルのマンダラのつくり方

はじめてクリスタルのマンダラをつくるときは、
何よりもリラックスし、
調和のとれた状態を心がけることが大切です。
あなたが幸福感を覚える場所を選んで
ソフトな音楽をかけ、ろうそくをともし、
ラベンダーのエッセンシャルオイルを
炊き（またはお香を焚き）ましょう。
「できあがったマンダラを棚や戸棚の上に
飾りたい」という人もいるでしょう。
その場合、ときどき石を浄化することを
忘れないようにしてください。

　まず散歩中などに見つけた石（またはボージャイストーンかスタルロライト）を真ん中に置きます。その北側にプロテクション・クリスタルを置いてください。北のエレメント「地」は「保護、グラウンディング」と関係が深いからです（南半球に住んでいる人は、南にプロテクション・クリスタルを置くようにしましょう）。今度は、南の方角にサクセス・クリスタルを置いてください。南のエレメント「火」は、あなた自身を輝かす「太陽」と関係が深いからです（南半球に住んでいる人は、北にサクセス・クリスタルを置くようにしましょう）。そして、太陽が昇る東の方角にパーソナリティー・クリスタルを置いてください。東のエレメント「風」は「自己表現」と関係が深いからです。さらに、癒しの水の源である西の方角にヒーリング・クリスタルを置きます。

　今度は、堅実な現金収入（「地」）と数字の概念（「風」）を示す北東（南半球の人は南東）にマネー・クリスタルを置きます。そして「火」の熱と「風」の流動性を示す南東（南半球の人は北東）の方向にラブ・クリスタルを置きます。さらに「火」の陽気さと「水」の穏やかさを示す南西（南半球の人は北西）の方向にリラクゼーション・クリスタルを置いてください。最後に、「地」の保護作用と「水」の癒しのエネルギーを示す北西（南半球の人は南西）にメディテーション・クリスタルを置きましょう。瞑想は自分の内面を探る、非常に神秘的な行為にほかなりません。空の暗さと神秘性を併せ持つ「北（南半球の人は南）」は、まさに瞑想状態を深める特別な方角と言えるでしょう。その証拠に、多くのオカルト信仰者が自分の祭壇を北（南半球では南）の方角に構えています。とはいえ、ここで紹介したのは、マンダラをつくる際の一般的な目安に過ぎません。くれぐれも自分の直感の囁きを優先するようにしてください。

　クリスタルでマンダラをつくるときは、必ず時計回り（南半球の人は時計と反対回り）に石を並べるようにしましょう。こうすれば、あなたは太陽と月の動きと同じ方向に動くことになり、自然との調和を生み出すことができるのです。

　マンダラが完成したら、四つのエレメントの関連性を強調するために、サクセス・クリスタルのそばにろうそくを、パーソナリティー・クリスタルのそばにお香を、ヒーリング・クリスタルのそばに水を入れたワイングラスを、プロテクション・クリスタルのそばに土を盛ったボウルを置くようにしましょう。

　こうしてできあがった美しいマンダラは、あなたに内面の調和と発展をもたらしてくれます。自分自身のバランスをとりたいとき、内面を追求したいときなど、必要なときはいつでもこのマンダラをつくるようにしましょう。できあがったマンダラをじっと見つめ、沈思黙考し、内面の平和を体験するようにしてください。

クリスタルのマンダラには、
四つのエレメントが象徴されています。

# クリスタルのマンダラを使った占い

クリスタルのマンダラは、あなたにとって非常に個人的なものです。だからこそ、あなたの無意識から智慧を引き出す鍵となります。もし人生の進路に迷ったり、重要な答えを出す必要に迫られたりしたら、自分のマンダラに導きをお願いしてみましょう。

**必要なもの**
● ナイトライト・キャンドル（ホルダーに入った、短い丈の平べったいろうそく）● ジャスミンのエッセンシャルオイル ● シナモンが入ったハーブティー ● 小さめの紙

## 水晶占いメソッド

水晶占いのやり方については前章で説明しましたが、ここではマンダラを使った応用編を紹介しましょう。メディテーション・クリスタルの代わりに、あなたのクリスタルのマンダラを置き、その円内にナイトライト・キャンドルをともします。そして円の中心に、あなたの占い用のメディテーション・クリスタルを置いてください（可能であれば、イメージが見やすいように大きめの石を用いるとよいでしょう）。

中央にあるメディテーション・クリスタルの近くに、その他のクリスタルとナイトライト・キャンドルを寄せます（近づけすぎて石が熱くなってしまわないよう注意してください）。ジャスミンのオイルを炊き、シナモン入りのハーブティー（どちらも「心霊力を高める」ハーブです）を飲むと、意識がより活性化されます。リラックスし、自分自身に質問を問いかけ、中央のメディテーション・クリスタルを見つめるようにしてください。

## 紙のメソッド

もう一つ、マンダラを使った占いの手法を紹介しましょう。小さな紙片に、あなたの質問や問題を書き込みます。マンダラをつくり、その1メートル上あたりに先ほどの紙を掲げ、手を離します。その紙片がどのクリスタルの近くに落ちるかに注目してください。その石こそ、あなたの質問や問題に対する答えにほかなりません。もし該当する石が二つ以上あるようなら、それ以外の石を除いてこのメソッドを繰り返すようにしてください。あるいは、該当する複数の石を黒い布袋に入れ、そこから一つだけ取り出すやり方でもよいでしょう。最終的に選ばれた石こそ、あなたの質問に対する答えにほかなりません。

紙片が円の外側に落ちてしまった場合は、もう一度このメソッドを繰り返すようにしましょう。3回繰り返しても答えがハッキリ出ないようなら、その日は占いを終了し、2、3日後にもう一度試すようにしてください。

最終的に残った石を見れば、あなたには自分の問題に対する答えが直感的にわかるはずです。あるいは、その石を手にとって「メディテーション・クリスタル」の章で説明した瞑想を行い、何らかの手がかりを得るようにしてもよいでしょう。

ハッキリした答えがわからなかった場合のために、一般的な答えをクリスタル別に紹介しておきましょう。

- **プロテクション・クリスタル** あなたはもっと自分自身の面倒をみる必要があります。しっかりと足元を固めて自分を育み、あなた自身や大切な人々の幸福を第一に考えるようにしましょう。
- **マネー・クリスタル** 自分の蓄えやお金を稼ぐ能力、物的財産やその資産価値をもう一度見直してみましょう。答えはその中にあります。
- **パーソナリティー・クリスタル** 自己表現や自己啓発についてよく考え、自分らしくあるよう心がけましょう。
- **ラブ・クリスタル** 自分の人間関係や恋愛関係を見つめ直し、いつも愛情深くあるよう心がけましょう。もしかすると、新たな恋人が出現するかもしれません。
- **サクセス・クリスタル** あなたのキャリア、将来、将来の目標に答えがあります。何かラッキーなことが起こりそうです。
- **リラクゼーション・クリスタル** あなたはもっとリラックスする必要があります。自分の余暇、あるいはその過ごし方を見直してみましょう。
- **ヒーリング・クリスタル** あなたは自分自身や他の人を癒す必要があります。自分の面倒をよくみて、自分自身に優しくするよう心がけましょう。
- **メディテーション・クリスタル** あなたは内面を追求し、瞑想し、自分自身と心を通い合わせる必要があります。一人の時間をつくるようにしましょう。

私たちは、人生に導きと輝きを求めて占いを行います。そして占いを通じて、「神(あるいは自分が信じているもの)により近づく」という本当の目的を果たしているのです。もしあなたが未来に不安を感じているなら、このエクササイズを通じて大きな心の平安を得ることができるでしょう。たとえ答えが不明確なものであっても、このことに変わりはありません。

# マンダラを使った瞑想

これは、人生の変化──特に激しい喪失感
（大切な人との死別など）を伴う変化──を
スムーズに受け入れるためのエクササイズです。
信頼できる家族や友人の助けを借りるようにするとさらによいでしょう。

> **必要なもの**
> - サイプレスとオレンジのエッセンシャルオイル
> - 黒、白、オレンジ色の3本のろうそく

サイプレスのエッセンシャルオイルを炊き、悲しみを和らげましょう。クリスタルのマンダラをつくり、その中心にあなたの「喪失感」を象徴するシンボルを置いてください。たとえば、それが「大切な人やペットの死」ならその相手の写真を、「恋人との別れ」ならもらった指輪を、「前に住んでいた家に対する未練」ならその家の写真を選ぶようにするとよいでしょう。また「失ってしまった仕事に対する未練」なら、そのときに使っていた社名入りの便せんなど、その仕事に関係するものを選ぶようにしましょう。

あなたのマンダラの中に、2本のろうそく（白と黒）とそのシンボルを置きます。シンボルをじっと見つめ、過去を振り返ってみてください。ひととおり振り返ったら、今度は新しいもののために心のスペースを空けるようにしましょう。こう唱えてみてください。「私はこの過ぎ去ったものに別れを告げる。愛と穏やかさをもって、私はその思い出を手放す。そして愛と穏やかさをもって、私は前進する」もしそうしたいなら、この言葉を好きなだけくり返してもいいのです。

心の準備ができたら、黒のろうそくを消して、白のろうそくとシンボルをマンダラの外へ移してください。大切な人に別れを告げる場合は、そのシンボルを白いろうそくと共に特別な棚（一時的な「祭壇」）に祀り、その横にあなたのプロテクション・クリスタル、メディテーション・クリスタル、さらに（これが一番重要です）ヒーリング・クリスタルを置いておくとよいでしょう（この3つの石はマンダラからとるのではなく、別のものをあらかじめ用意しておくこと）。

その「祭壇」に、追悼・回想を意味するローズマリーの小枝を飾っておくのも効果的です。でもこのとき、失った恋愛や仕事のシンボルは絶対に祀ってはいけません。あなたの心に未練を残さないよう、過去からひっそりと立ち去ってもらう必要があるからです。その種のシンボルは燃やすか埋めるかして、そのあとに白いろうそくの火を消すようにしましょう。なお燃やす場合は、そのシンボルを片手鍋のような耐熱容器に入れ、徹底的に燃やすようにしてください。

シンボルや記念の品を処分するときは、マンダラの中心に大きなオレンジ色のろうそくを置いて火をつけ、さらに元気づけの効果があるオレンジのエッセンシャルオイルを炊いて、こう唱えるようにするとよいでしょう。「新しい出来事が私を待っている。人生は希望と約束に満ちている」ろうそくの炎を見つめ、新しくてよいことが自分に向かってやってくるイメージを思い浮かべてみてください。なお、この儀式は必要を感じたときはいつでも実施可能です。

本当にひどい事態や状況（たとえば虐待関係など）から回復したい場合、それを象徴するシンボルをマンダラの中には置かず、外に置くようにしてください。そのシンボルを2本の黒いろうそくではさみ、こう唱えましょう。「私はこのすべてを消し去る……私の人生から消し去る。私はこのすべてを完全に拒絶する。私はこのすべてから完全に守られている。私はこのすべてに関連するものをことごとく破壊し、そして立ち去る」断固とした決意と共にそのシンボルを燃やし、黒いろうそくの炎を吹き消してください。そのあと、あなたのマンダラの内側にオレンジ色のろうそくを置き、火をともしましょう。さらにオレンジのエッセンシャルオイルを炊いて、こう唱えてみてください。「私は自由だ。私は浄化された。私は強い。私は新しい。私は新しい未来に向かって前進している」

*クリスタルのマンダラの助けを借りれば、厳しい変化も乗り切ることができます。*

マンダラを使った瞑想　135

# 人生の節目を迎えたときのクリスタル活用法

変化のない人生などありません。
でも、変化——特に喪失にまつわる変化——は
対処が非常に難しいものです。
そんなときはクリスタルのマンダラの力を借りましょう。
マンダラがもたらす穏やかさ、一体感によって、
あなたはこの宇宙を信じる気持ちを高め、
その変化に適応することができるのです。
クリスタルのマンダラは、あなたにとって非常に個人的なものにほかなりません。
だからこそ、あなたの無意識から智慧を引き出すカギとなります。
もし人生の進路に迷ったり、重要な答えを出す必要に迫られたりしたら、
マンダラに導きをお願いしてみましょう。

人生には、多くの節目が訪れるものです。その中には誰でも体験する「通過儀礼」もあれば、個人的な節目もあるでしょう。前者の例としてあげられるのが初潮、思春期、結婚、結婚生活、出産、閉経、大切な人たちとの死別などです。後者の例としてあげられるのが引っ越し、失業、転職、失恋、新たな勉強などです。そういった特別な変化の受け止め方を決めるのは、あなた自身しかいません。そう、同じ変化を体験しても、その反応は人それぞれです。大きな変化を目の前にして「刺激的でわくわくする」と考える人もいれば、ほんの小さな変化でも不安を募らせてしまう人もいるでしょう。

人生の節目を迎えて困惑を感じたら、メディテーション・クリスタルを手にとり、自分の気持ちに正直になるようにしてみてください。

クリスタルは若々しい振動を発していますが、実は想像を絶するほど長い歳月を経てきています。時の変化と共に、クリスタルもよりスムーズな姿に変化していくのです。

# 閉経を迎えたときの儀式

この現代社会では、女性は若いほどもてはやされ、年をとるほどチャンスも評価も得られなくなってしまうように思えます。そこでこのセクションでは、閉経を「新たなチャンスのはじまり」と前向きにとらえるための儀式を紹介しましょう。

基本的に、この儀式の手順は「マンダラを使った瞑想」（134ページ参照）と同じです。ただし、黒いろうそくは重苦しすぎるため、赤（またはあなたの好みの色）に変えるようにしてください。赤いろうそくの火を消し、あなたのマンダラの中に白い（またはあなたの好みの色の）ろうそくだけを残すようにしましょう。そしてオレンジ色のろうそくに火をともし、こう唱えてください。「私は、賢明な母という役割から解放された。私はこれから大いに笑い、創造し、人生を謳歌する。私は自由になったのだ！」

ごほうびとして、好みのワインやチョコレートを楽しんでください。もし可能なら、自分のサクセス、パーソナリティー、ラブ、あるいはリラクゼーションのうち、どれかのクリスタルの宝石を購入するとさらによいでしょう。儀式では宝石をマンダラの中に置き、オレンジのろうそくをともしたあとで身につけるようにしてください。

> **初潮を迎えたときの儀式**
> この儀式を行うときは、白のろうそくから赤いろうそくに火をつけるようにしてください。そのあと、白のろうそくだけを消してこう唱えます。「私は大人の女性の仲間入りをした。私は自分の中に命を授かることができる。どうか私に神の祝福あれ」この年頃の少女は、自分のクリスタルのマンダラをつくる金銭的余裕がないはずです。この儀式にはガーネットかルビー、その他の赤い石を一つ使うとよいでしょう。そうすれば困惑することなく、初潮を迎えることができます。

# 親になったときの儀式

最近父親や母親になったばかりの人は、このシンプルな儀式を行ってみてください。これは、あなたの子供を歓迎するための儀式なのです。

あなたのマンダラの中に、自分の子供の写真（またはその他のシンボル）、火をつけた2本の白いろうそく、火をつけていない1本のピンク色のろうそくを置きます。さらに、写真の近くに小さなハート型のローズクォーツを置いてください。1本の白いろうそくからピンクのろうそくに火をつけ、こう唱えましょう。「私は母親（父親）という新しい役割を喜んで受け入れる。常に愛をよりどころとし、澄み切った精神と真実の心を持ち続けられるようお導きください」ローズクウォーツを手に取りながら、この自分の決意をくりかえし唱えるようにしましょう。

儀式終了後、子供の写真であおいで、2本の白いろうそくの火を消します。ハート型のローズクォーツは、子供のものと一緒に置くようにしてください。ピンクのろうそくは手元にとっておき、ときどき火をともして、自分の子供に対する愛を再確認するようにしましょう。なお、このエクササイズは大切な人との関係を始めたい場合に実施することも可能です。その場合、ハート型の代わりにローズクォーツの指輪か装飾品を用いて、こう唱えるようにしてください。「私はこの新しい関係に全身全霊を捧げる。愛が私たちを結びつけ、真実の心を持ち続けられるようお導きください」

# 自宅でのクリスタルの飾り方

クリスタルは自宅の美しい飾りとしても使えます。
室内とクリスタルの色をマッチさせれば、
思わぬ相乗効果が生み出されるでしょう。
部屋には活気があふれ、クリスタルはその力をさらに強めていくのです。
しかも、クリスタルは「強い個性」というすばらしい贈り物を与えてくれます。
たとえまったく同じ種類のクリスタルでも、
持ち主によってその効果は様々に変わるのです。

部屋の用途を考えれば、いくつかのクリスタルの置き方は自然に決まってくるものです。たとえば、プロテクション・クリスタルは自宅の玄関付近に、またリラクゼーション・クリスタルは居間か寝室に、サクセス・クリスタルは書斎に置くようにするとよいでしょう。とにかく大切なのは、常に自分が「正しい」と思う場所にクリスタルを飾ることにほかなりません。ここでは参考までに、風水の知識を紹介しておきましょう。

風水とは、「風」をあやつり「気」の流れを用いることにより、運気を上げるという考え方です。私たちの居住空間は、まさに私たちの人生のメタファー（隠喩）と言えるでしょう。そしてその居住空間の使い方によって、私たちの幸福の大きさも決まるのです。風水は非常に複雑なシステムですが、今すぐ実行できる簡単なルールがいくつかあります。たとえば「変化を起こすときは最小にして、その効果を見きわめること」「物事がうまく運んでいるときはあまり干渉しすぎないこと」などです。それゆえ、もしあなたの人間関係が順調なら「人間関係のコーナー」にクリスタルを置く必要はありません。活気があふれすぎて、かえって対処できなくなってしまうからです。でも、もし「もっとお金が欲しい」と考えているなら、「お金のコーナー」に迷わず自分のマネー・クリスタルを置くようにするとよいでしょう。

## 風水の間取りを知ろう

ここでは、自宅にまつわる一般的な風水の知識を紹介しましょう。まず正面玄関に立ってみてください。あなたの左に来るのが「知識」に関する空間になります。そこから時計回りに「家族」「お金」に関する空間が並び、ちょうどあなたの正面に来るのが「名声」に関する空間となります。さらに、そこから時計回りに「人間関係」「創造性・子供」に関する空間が並び、ちょうどあなたの右に来るのが「友人・助けてくれる人々」に関する空間となります。また玄関スペースは「キャリア」に関する空間となり、あなたの家の中心が「バランス」に関する空間となるのです。

当然ながら、あなたのマネー・クリスタルは「お金」のコーナー、サクセス・クリスタルは「名声」のコーナー、ラブ・クリスタルは「人間関係」のコーナーに置くとよいでしょう。その他のクリスタルは、あなたが適切だと思う場所に飾っておいてください。自分の人生において「保護、癒し、リラックス感が必要だ」と思う領域（場所）に、それらを置くようにするとよいでしょう。ただし、くれぐれも一度にたくさんの石を置き換えないようにしてください。最も重要な領域のクリスタルを一つだけ動かし、1、2ヵ月の間は様子を見きわめるようにしましょう。

基本的に、個人の部屋も自宅全体の風水の間取りと同じです。もし自室があるなら「お金」や「人間関係」のコーナーに、それに見合うクリスタルを置くようにするとよいでしょう。クリスタルは美しさと力強さを併せ持っています。その効果をフル活用して、あなたの自宅のバランスをさらに高めましょう。

自宅でのクリスタルの飾り方　139

窓辺にさりげなくクリスタルを飾ると、それだけで部屋の雰囲気がよくなります。

# 夢を刺激する

夢は、あなたの無意識の言葉を伝えるものにほかなりません。
それらに耳を傾ければ、自分自身や自分の人生について多くの知識を得ることができます。
そのうえあなたは夢を通じて、
自分の未来や自分の疑問に対する答えを知ることもできるのです。

私たちは皆、毎晩夢を見ています。しかし、誰もがその夢を覚えているとは限りません。なかには「夢なんて見ていない」と言い張る人もいますが、それは間違いです。ほんの少しの勇気を持てば、あなたは「自分の無意識」という未知の領域の探検に踏み出せるのです。

夢を刺激する　141

最初に、ベッドのそばにあなたのメディテーション・クリスタルとクリスタル専用ノートを置きましょう。クリスタルは枕の下に置いても構いません。そのうえで、自分自身にこう言い聞かせてください。「私は今夜夢を見る。そしてその夢の内容を思い出すことができる」おそらく、翌朝目ざめるとあなたは夢の一部を思い出すでしょう。それがどんなに断片的なものでも、取るに足らないものに思えても、その内容をきちんとノートに記録しておいてください。こうすることで、あなたは自分の無意識に「私はあなたの声をちゃんと聞いている」という強いメッセージを送ることができるのです。夜中に一度目ざめた場合は、朝になったら忘れてしまわないように、手早く夢の内容を書きとめておくようにしましょう。

「夢を見る能力」に自信が持てるようになったら、次に紹介するエクササイズを行ってみてください。まず就寝前におふろに入り、カモミールのような鎮静効果のあるハーブティーを飲みましょう。また枕の下にジャスミンの花を置いておくか、あるいはジャスミンのエッセンシャルオイルを少量体につけておくとよいでしょう（昔から、ジャスミンは「予言夢を誘発する効果がある」と言われています）。なお、このエクササイズは満月の夜に行うようにするとさらに効果が上がります。

ベッドに入るときに、自分のコレクションの中からクリスタルを1つ選ぶようにしてください。あなたを「夢」という旅にいざなってくれそうな石なら、メディテーション・クリスタル以外のものでも構いません。そのとき、あなたが最も迷いを感じている分野のクリスタルを選ぶようにするのがコツです。たとえばあなたが人間関係で悩んでいるなら、ラブ・クリスタルを「旅のお伴」に選び、具体的な質問をしてみるとよいでしょう。なお、あなたがその瞬間最も惹かれる石を選ぶようにしても構いません。

ベッドに入って心を静め、水晶占いのときと同じやり方でクリスタルをじっと覗き込んでください。もし何か質問があるなら、それを心の中で問いかけてみましょう。さあ、あなたのクリスタルがどんどん大きくなり、あなたの全身をすっぽりと包み込んでいきます。その様子をイメージしてください。いつのまにか、そのクリスタルの中に入り込んでしまっている自分の姿を思い描きましょう。その間も、クリスタルの内部をじっと見続けてください。あなたは何らかの体の感覚を覚えるはずです。その感覚を逃すことなく、意識してみましょう。その間も、クリスタルの内部をじっと見続けてください。その石のより奥深く、さらに先にあるものをじっと見つめるのです。目に疲れを感じたら、その石をベッドの脇に置きましょう。このとき、眠りについている間も見つめ続けられるような位置に、その石を置くようにしてください。

おそらく、その晩あなたは非常に印象的で鮮やかな夢を見るでしょう。その夢で自分の質問に対する答えがわかることもあれば、まったくわからないこともあります。そのいずれにせよ、夢の内容はすべて記録するようにしてください。今はよくわからなくても、あとになってその意味が突然わかる場合もあります。だからこそ、夢で見たことはすべて、自分のノートに記録しておかなければなりません。

眠っている間に、クリスタルと共に旅に出かけましょう。

# インデックス

## あ
アクアマリン　24, 48
アゲート
　グリーンアゲート　120
　デンドリディックアゲート　90
　ブラウンアゲート　77
　モスアゲート　23
アズライト　119
アパッチティアー　62
アベンチュリン　35, 90
アメジスト　77, 118
アメトリン　24, 118
アラゴナイト　48
アンバー　62, 76
占い　124, 132-3
エクササイズ
　（メディテーション、
　　視覚化も参照）
　お金管理　43
　クリスタルの中に入り込む　57
　自分自身を愛する　82
エメラルド　80
エンジュライト　80
オーラ, 自分の守りを固める
　ための儀式　112
お香の煙, 浄化法　10
お米
　クリスタルの浄化　10
　マネー・クリスタルの選び方
　　33
オニキス　21, 109
オブシディアン
　スノーフレーク・オブシディアン
　　109
　ブラック・オブシディアン
　　15, 122
親になったときの儀式　137

## か
カーネリアン　91, 104
賢い消費のための儀式　42
紙のメソッド, 占い　133
身体を癒す視覚化　71

カルサイト
　グリーンカルサイト　36
　ゴールドカルサイト　49, 81
　ブルーカルサイト　63
カルセドニー　105
　ピンクカルセドニー　49
ガーネット　21, 105
キャンドルメソッド, マネー・クリ
　スタルの選び方　32
儀式
　愛を引き寄せる　83
　あなたの子供を守る　110
　親になる　137
　賢い消費　42
　クリスタルの専用化　11
　クリスタルのマンダラのつくり方
　　131
　幸運を引き寄せる　96
　自信を高める　97
　自分の守りを固める　112
　受胎能力を高める　70
　人生の節目を迎えたとき
　　136-7
　他人を癒す　69
　友だちを引き寄せる　27
　パートナーとの絆を強める　85
　閉経　137
クォーツ
　クリアクォーツ　121
　グリーンクォーツ　39
　スモーキークォーツ　67
　ブルークォーツ　25
　ローズクォーツ　52, 76
クリアクォーツ　121
クリスタル・コード　14
クリスタルサークル
　パーソナリティー・クリスタル
　　19
　マネー・クリスタル　33
クリスタルの色　12
　ヒーリング・クリスタルの選び方
　　61
クリスタルの選び方　8
クリスタルの形状　12

クリスタルの浄化　10
クリスタルのスピリットの守りを高
　める視覚化　111
クリスタルの専用化　11
クリスタルの保管法　9
クリスタルのマンダラ　130-1
クリスタルを身につける　28
クリソコラ　120
クリソプレーズ　36, 63
グリーンアゲート　120
グリーンカルサイト　36
グリーンクォーツ　39
グリーンジャスパー　93
グリーントルマリン　22, 38
幸運を引き寄せる　96
心を解放する視覚化　54
心を開くための視覚化　84
子供
　あなたの子供を守る儀式　110
　親になったときの儀式　137
凝りのスポットを解消する　56
ゴールデンベリル　119
ゴールドカルサイト　49, 81
ゴールドトパーズ　38

## さ
サークル・メソッド
　パーソナリティー・クリスタル
　　19
　プロテクション・クリスタル
　　103
　マネー・クリスタル　33
サクセス・クリスタル　86-99, 133
サファイア　37, 79
サンストーン　25, 94
視覚化
　身体を癒す　71
　クリスタルのスピリットの守りを
　　高める　111
　クリスタルの天使　126-7
　心を解放する　54
　心を開く　84
　サクセス・クリスタル　89
　自己啓発　29

パーソナリティー・クリスタル 18, 19, 26
ヒーリング・クリスタル 61
プロテクション・クリスタル 102
マネー・クリスタル 33
メディテーション・クリスタル 117
豊かさを引き寄せる 40
ラブ・クリスタル 75
シトリン 20, 91
初潮を迎えたときの儀式 137
ジェード 34, 106
ジェット 107
自己啓発のための視覚化 29
自信を高めるための儀式 97
自宅, クリスタルの飾り方 138
自分の守りを固めるための儀式 112
ジャスパー
　グリーンジャスパー 93
　レッドジャスパー 50, 106
受胎能力を高める儀式 70
スギライト 53
スノーフレーク・オブシディアン 109
スピネル 39
スミソナイト 52
スモーキークォーツ 67
セレスタイト 121
セレナイト 122
専用ノート 13
ソーダライト 94, 123

## た
タイガーアイ 34, 95
太陽光 9
魂を癒す瞑想 68
タンブルクリスタル 8, 10
ダイヤモンド 79
チャクラ 116
直感 15
天使の視覚化 126-7
天職を探すための瞑想 98
デンドリディックアゲート 90
トパーズ 95
　ゴールドトパーズ 38
友だちを引き寄せる 27

トルコ石 66
トルマリン
　グリーントルマリン 22, 38
　ブラックトルマリン 64
　ブルートルマリン 53

## な
布袋メソッド
　パーソナリティー・クリスタル 18
　プロテクション・クリスタル 102
　マネー・クリスタル 32

## は
花火, サクセス・クリスタルの選び方 89
バラの視覚化メソッド, ラブ・クリスタル 75
パーソナリティー・クリスタル 16-29, 133
パープルフローライト 64
ヒーリング・クリスタル 58-71, 133
ピンクカルセドニー 49
風水 138
ブラウンアゲート 77
ブラックオブシディアン 15, 122
ブラックトルマリン 64
ブラッドストーン 20, 35, 104
ブルーカルサイト 63
ブルークォーツ 25
ブルートルマリン 53
プレナイト 51
プロテクション・クリスタル 100-13, 133
閉経を迎えたときの儀式 137
ヘマタイト 81, 92
ペリドット 37
ホーリーストーン 92

## ま
間取り, 風水 138
マネー・クリスタル 30-43, 133
マラカイト 15, 65, 108
マンダラ 130-5
ムーンストーン 23, 65
無意識をリラックスさせる 46

瞑想
　お金に対して健全な態度を高める 41
　サクセス・クリスタル 88
　水晶占い 124
　魂を癒す 68
　天職 98
　ヒーリング・クリスタル 60
　マンダラ 134
　メディテーション・クリスタル 114-27, 133
　ラブ・クリスタル 74
モスアゲート 23

## や
幽体, チャクラ 116
豊かさを引き寄せる 40
夢 140-1

## ら
ラピスラズリ 78, 108
ラブ・クリスタル 72-85, 133
ラブラドライト 22, 107
リラクゼーション・クリスタル 44-57, 133
ルビー 78
レッドサードオニキス 66
レッドジャスパー 50, 106
レピドライト 50, 93
ローズクォーツ 52, 76
ロードクロサイト 51, 123
ロードナイト 67

### 新装普及版
## クリスタルを活かす
クリスタルの効能・魔力の
すべてがわかるガイドブック

ジュディ・ホール 著

パワーを秘めたこの美しい石を使って、自分の過去、現在、そして未来について知る方法は？ ソウルメートを引き寄せる方法や、住まいを守る使い方は？ 本書では、こうしたクリスタルの使い方と用途について詳しく紹介。

本体価格2,300円

## 新しく見つかった
## クリスタル&癒しの石
150のクリスタル&癒しの石を
完全網羅

ジュディ・ホール 著

クリスタルの人気に伴い、最近見つかったものを中心に150のクリスタル&癒しの石の持つ魅力をオールカラーで紹介。新しく見つかった石の持つ特性を詳しくとりあげた決定版ガイドブック。

本体価格2,400円

## チャクラヒーリング
自分自身の超自然的エネルギーの
渦を知り心と体をコントロール

リズ・シンプソン 著

チャクラは身体で渦巻くエネルギーの中心点。肉体、精神、情緒、魂のバランスを維持する大切な働きをする。チャクラに働きかけ、心と体と魂を癒し、自己開発を。

本体価格2,800円

### 新装普及版
## 実用カラーの癒し
色の持つ力を知り、
心と身体を至福の状態に導く方法

リリアン・ヴァーナー・ボンズ 著

美しい写真・イラストを用いて、歴史や個々の色・心理学を含めたカラーヒーリングの基礎知識とインテリア・ファッションなど日常生活への応用、そしてクリスタルや色によるユニークなヒーリングの様々な方法を具体的に紹介。本書一冊で豊富な知識が得られる。

本体価格2,400円

---

your Crystal Code
## あなたのクリスタルコード

| | |
|---|---|
| 発　　　行 | 2008年9月1日 |
| 本体価格 | 2,400円 |
| 発　行　者 | 平野　陽三 |
| 発　行　元 | ガイアブックス |
| 発　売　元 | 産調出版株式会社 |

〒169-0074 東京都新宿区北新宿3-14-8
TEL.03(3363)9221　FAX.03(3366)3503
http://www.gaiajapan.co.jp

著　者： テレサ・ムーリー（Teresa Moorey）
魔術、呪文、心霊能力、心霊現象についての著書多数。『霊的に身を守る法』『妖精バイブル』（いずれも産調出版）など。

翻訳者： 佐藤　志緒（さとう　しお）
成蹊大学文学部英米文学科卒業。訳書に『水を活かす』『Dr.バッチのフラワー療法』（いずれも産調出版）など。

Copyright SUNCHOH SHUPPAN INC. JAPAN2008
ISBN978-4-88282-667-5 C0076

落丁本・乱丁本はお取り替えいたします。
本書を許可なく複製することは、かたくお断わりします。
Printed in China